EL VALOR DE LOS ELEMENTOS

Comprendiendo POR QUE Dios Nos Lleva a Lugares y Experiencias Especificas.

Por David Mayorga

Traducido Por
Aidé Mejias Lugo
Lebanon, PA

©David Mayorga – Enero 2021

Publicado Por

SHABAR PUBLICATIONS
www.shabarpublications.com

Contenido

Prefacío 4

Introducción 7

Capítulo 1: El Elemento de la Decisión
*Fue Dios Quien Creo Los
Dos Árboles* 11

Capítulo 2: El Elemento de los Lideres Impios
¿Quien se Cree el Faraon Que Es? . . . 21

Capítulo 3: El Elemento de las Imposibilidades
*¿Porque el Mar Rojo y Porque de
Esa Manera?* 31

Capítulo 4: El Elemento de los Desiertos
¡La Emoción de No Tener Nada! 44

Capítulo 5: El Elemento de los Gigantes en la Vida
*¡Oh Dios Mío! Hay Gigantes
en la Tierra!* 55

Capítulo 6: El Elemento de Perder Alguna Persona
"...Mi Esposo Está Muerto..." 66

Capítulo 7: El Elemento de Rendirse
"¡El Sonido de Una Voz Gritando!" 76

Capítulo 8: El Elemento de Agradar al Padre
*Aprendiendo a Ceder a los
Deseos del Padre* 87

Capítulo 9: El Elemento de la Liberación
del Ministerio
¿Por Qué el Ladrón es el Tesorero? ... 95

Capítulo 10: El Elemento de Morir a Uno Mismo
*¿Acaso Este Fue el Ultimo Mensaje
de Esteban?* 106

Capítulo 11: El Elemento de Batallas Personales
*El Aguijón de Pablo y la Suficiencia
de Dios* 118

Capítulo 12: El Elemento del los Hornos Ardientes
*"¿No Eran Tres los Hombres que
Echamos Adentro en Medio del
Fuego?"* 127

Información de Ministerio 137

Recursos Para el Ministerio .... 138 -139

David Mayorga

Prefacio

Cuando recibí una llamada de un amigo, colega y compañero mayordomo de la revelación de Jesucristo, me sentí muy honrado.

Conozco a David por más de 40 años. Yo he visto de primera mano, su incesante búsqueda de Cristo.

En este último libro *El Valor de los Elementos,* su corazón ha sido capturado. Si tienes un deseo profundo en lograr una revelación progresiva aun mayor de Jesucristo, este libro ha sido escrito contigo en mente. David ha escrito con tal perspicacia sobre los elementos que Jesús usa para producir conformidad a Su imagen en la vida de sus hijos.

La advertencia para nuestro día tiene que ser lo que el Apóstol Pablo dijo: "Esten alerta, permanezcan firmes en la fe, actúen como hombres, sean fuertes."

(1 Corintios 16:13) *Phillips Modern English* lo traduce como *"vivir como hombres."* La iglesia cristiana está llena de niños y niñas en lugar de hombres y mujeres de Dios.

Si sigues el consejo de este piadoso líder, estarás en camino a la madurez.

La carga de David desde hace mucho tiempo, ha sido ver a los hijos de Dios dejar de lado todas las *tonterías* que vemos en la iglesia cristiana hoy; *tonterías* que nos retiene y lamentablemente, nos priva alcanzar nuestro mas elevado llamado.

Hay otro David en el Antiguo Testamento de quien la Biblia dice, "…he encontrado a David, el hijo de Jesse, un hombre conforme a mi corazón, que hará toda mi voluntad." (Hechos 13:22) La palabra *voluntad* literalmente significa "voluntades."

David Mayorga

Prefacio

El Rey David vivió una vida consumida con una pasión. Muchos están contentos con hacer la voluntad de Dios; El Rey David estaba gobernado por la idea de hacer las *voluntades* de Dios.

En aplicando estas revelaciones que ha escrito David Mayorga en este libro, usted también podrá hacer las "voluntades" de Dios.

>   -Gerardo Salmerón, *Pastor Principal de Casa de Oración* - McAllen, Texas

Introducción

Una vez escuché a un hombre decir que si una planta desea crecer y dar fruto, no debe rebelarse, criticar, o huir de los elementos que la hacen crecer. Los elementos son vitales para su proceso de crecimiento y a fin, poder dar fruto.

Ahora, los elementos son la tierra, la lluvia, el sol y el viento.

Si evitamos que esa pequeña planta reciba alguno de estos elementos, esa planta no crecerá a su nivel y mucho menos dar fruto.

En la sociedad actual de "micro-ondas," muchas personas no toleran la idea de que tengan que pasar por el proceso extendido que trae el aumento en sus vidas.

Introducción

En el ámbito secular, la gente no tolera alguna forma de capacitación, seminario o educación para obtener un ascenso en su trabajo, sin mencionar un salario mas alto y una mejor oportunidad en la vida.

En la vida de la iglesia, los creyentes de hoy, no gastan un poco de dinero para asistir a una valiosa capacitación o seminario. No captan la idea de lo que es comprender mejor la sabiduría de Dios y poder ayudarse en sus situaciones de desesperación. Incluso, el asistir a una gratuita oración matutina para encontrarse con Dios en humillación y quebrantamiento y posicionarse para recibir descargas de revelación celestial, parece ser algo imposible.

Creo firmemente que el crecimiento que Dios ha preparado para con nosotros, proviene de los elementos que El crea primero, y luego nos introduce. Los elementos son tan valiosos que una vez que entendamos lo que son, y como trabajan, nuestras vidas

Introducción

florecerán asombrosamente.

Mientras pasaba un tiempo de calidad en la presencia de Dios, el Espiritu Santo, trajo ante mi, una familia que estaba en extrema necesidad y necesitaban el consuelo de Dios, porque habían perdido un hijo.

En mi clamor de desespero al Señor, Su Espíritu me visitó.

Comencé a preguntarle al Señor acerca de la situación actual, y esto es lo que el Espíritu Santo me dijo, "David, ¿Quién crees que hizo o creo al faraón? Yo le conteste: "Tu Señor."

El Espiritu Santo procedió a educarme sobre los diferentes elementos que Dios usa para crear en nosotros una mejor perspectiva y una visión mas enfocada de como entrena y equipa a sus hijos.

David Mayorga

Introducción

Dios usará los elementos que El ha creado, y luego los usará para transformarnos a Su imagen.

Es a partir de esta revelación que Dios me dio esa gloriosa mañana, que este libro nació. Reciban esta bendición.

- David Mayorga, *Director del Ministerio Masterbuilder* - Palmhurst, Texas

Capítulo 1

El Elemento de la Decisión
Fue Dios Quien Creo los Dos Árboles.

"Y mandó Jehová Dios al hombre, diciendo: De todo árbol del huerto podrás comer; más del árbol de la ciencia del bien y del mal no comerás; porque el día que de él comieres, ciertamente morirás." (Genesis 2:16,17)

Mientras estudiaba esta parte de las escrituras, reconocí lo sencillo que es agradar al Señor, si uno realmente desea hacerlo. A menudo, los creyentes tienden a fracasar en su intento de agradar a Dios y se sienten culpables y avergonzados.

Lo que mas me sorprende es la reacción al fracaso. La mayoría de las personas no reconocen, ni se responsabilizan de las decisiones que han tomado y comienzan a culpar a los demás por ello.

¡Y de hecho fue muy bueno!

En este capítulo inicial, me gustaría desafiar su creatividad y llevarlo de regreso al Jardín del Edén.

Cuando Dios terminó con la creación del hombre, la Biblia dice: **"Entonces Dios vio todo lo que había hecho, y en verdad era muy bueno."**

Desde la perspectiva de Dios, todo lo que había creado estaba en su lugar perfecto, tal como Él lo había imaginado. Cada día tenía su propósito; cada día tenía su diseño.

Todo lo que Dios había hecho era para servirle y darle la gloria a El, incluida la serpiente en el capítulo 3 de Genesis.

Es sorprendente con la frecuencia que la gente acepta las cosas buenas que Dios ha creado, pero no aceptan el hecho de que Dios también creo a la serpiente para que le sirviera.

¡No Se Trata de la Serpiente!

Cuando Dios completo Su tarea de crear todo lo que había en Su corazón, procedió a hablar con el hombre. En su conversación con él, dijo que todo estaba en marcha y que todo lo que el hombre tenía que hacer, era ser responsable con la autoridad que Dios le había dado.

La palabra dice: **"Tomó, pues, Jehová Dios al hombre, y lo puso en el huerto de Edén, para que lo labrara y lo guardase. Y mandó Jehová Dios al hombre, diciendo: De todo árbol del huerto podrás comer; más del árbol de la ciencia del bien y del mal no comerás; porque el día que de él comieres, ciertamente morirás."** (Genesis 2:15-17)

Una cosa que note mientras meditaba en las palabras de Dios, fue que El nunca habló de la posibilidad de una serpiente merodeando por el Jardín del Edén. Me imagino que, si la serpiente desempeñara un papel tan importante en la historia humana, seguramente Dios lo hubiera mencionado en Su instrucción a Adán.

Tal vez Dios hubiera dicho algo como: *"Oye, Adán, mientras te ocupas de cuidar el jardín, debes saber que hay una serpiente que tiende a seducir a la gente con su habilidad para hablar; la serpiente es muy buena para convencer a la gente de que sea rebelde hacia Mi. Por favor, espérala y asegúrate de no caer en todas las mentiras que te dirá."*

Ahora, he aqui lo que yo creo que Dios estaba pensando al instigar a Adán.

Dios había puesto Su confianza en el hombre. Todo lo que tenía que hacer era decirle que habría dos arboles en el jardín: ¡uno era bueno para comer y el otro no!

Conociendo Los Deseos de Dios

Esto es lo que creo que Dios estaba pensando: El Señor probablemente estaba pensando que el hombre, aunque creado por El, lo obedecería y le confiaría la instrucción.

La instrucción fue clara: ¡Cóman de este árbol y de este árbol no cóman. Uno trae vida y el otro trae muerte!

Conocer los deseos del Señor nos ayudará a saber que camino tomar en la vida. Hay muchas cosas que podemos hacer en cuanto a la decisión que debemos tomar en la vida, pero Dios, espera que tomemos la decisión correcta, la decisión que trae gozo a Su corazón.

Los Arboles Eran el Elemento

Al seguir la sabiduría de Dios, uno debe saber que el elemento en esta historia, no era la serpiente, sino los árboles. Dios ni siquiera menciono a la serpiente, ni siquiera una vez.

El menciono los árboles del jardín y las posibilidades de cada uno. También menciono que uno de los árboles era bueno para comer, mientras que el otro eventualmente los mataría si se comía su fruto.

Nosotros Sus siervos, siempre tendremos que lidiar con el elemento de los dos arboles mientras vivamos nuestras vidas aquí en la tierra.

La tentación siempre será la elección, no la serpiente. Aunque la serpiente (el diablo) aparece en diferentes momentos a lo largo de nuestras vidas, no es la voz de la serpiente la que nos hará o nos romperá, sino nuestro conocimiento de Él, nuestra relación con Dios y nuestro ardiente deseo de agradar al Padre. Esto es lo que nos mantendrá en el camino de la justicia, la bendición y la honra.

Deja de Culpar al Elemento

Mientras ministro en Su nombre en nuestra región, continuamente me encuentro con algunos que se acercan a mi y me dicen (con un tono de culpar) como *un cierto individuo*, fue la causa de porque sus vidas acabaron miserables.

Comenzarán a culpar al diablo, a los miembros de la familia, a los amigos, esposos, esposas, trabajos, vecinos, al jefe en el trabajo, incluso al pastor de su iglesia local, de cómo sus vidas han terminado.

Me imagino a Adán atacando a Dios y diciendo: "¿Por qué nos engañaste? ¿Por qué pusiste dos árboles en el jardín? ¿Por qué harías una cosa tan perversa como esa?"

Dios probablemente responderia: "Fuiste creado para que me amaras; Yo te di la capacidad de conocerme, ¡pero te elegiste a *ti mismo* antes que a Mí!"

¡El hombre eligió desobedecer voluntaria y deliberadamente las ordenes de Dios! No es culpa de Dios, sino del hombre por el caos en su propia vida. Es verdaderamente el hombre quien se trae su propio dolor.

El Elemento es Para Beneficio del Hombre

A medida que aprendemos que los árboles fueron el elemento para convertir a un hombre en un fracaso por la elección que hace, o en un hijo de Dios al obedecer - debemos darnos cuenta de que si se toma la decisión correcta de Dios, de eso surgirá una mayor intimidad.

Cada vez que guardamos la palabra de Dios, reforzamos nuestra relación con Él; nuestra confianza en El aumenta, nuestras decisiones de seguirlo mas de cerca, aumenta y nuestra devoción a Su voluntad y a Sus caminos tambien aumentarán.

Tu y yo seremos probados por el elemento de elección todos los días de nuestras vidas aquí en la tierra. Elegiremos comer del fruto de la vida o daremos un mordisco al fruto del árbol del conocimiento del bien y del mal, o sea del arbol del "yo."

Los resultados eventualmente se manifestarán con el tiempo y nuestras vidas darán sus frutos. Lo que un hombre siembra en su propio jardín, ese es el fruto que comerá.

Conociendo la Perspectiva de Dios

Al cerrar este punto, tenga en cuenta que antes de

comenzar a culpar a la serpiente en el jardín, primero reflexione sobre los hechos.

Fue Dios quien le habló al hombre acerca de los dos árboles en el jardín, y nunca mencionó a la serpiente.

Fue Dios quien esperaba que el hombre honrara Sus palabras, no las palabras de la serpiente.

El elemento de la decisión será para siempre parte de nuestra vida terrenal; así que, para mantenernos dentro de lo que Dios quiere y desea para nosotros, busquemos a Dios por sabiduría.

Al buscar su sabiduría, siempre sabremos que hacer, como hacerlo y cuando hacerlo.

Capítulo 2

El Elemento de los Líderes Impíos
¿Quién se Cree el Faraón Que Es?

"Entonces Jehová dijo a Moisés: Levántate de mañana, y ponte delante de Faraón, y dile: Jehová, el Dios de los hebreos, dice así: Deja ir a mi pueblo, para que me sirva. Porque yo enviaré esta vez todas mis plagas a tu corazón, sobre tus siervos y sobre tu pueblo, para que entiendas que no hay otro como yo en toda la tierra. Porque ahora yo extenderé mi mano para herirte a ti y a tu pueblo de plaga, y serás quitado de la tierra. Y a la verdad yo te he puesto para mostrar en ti mi poder, y para que mi nombre sea anunciado en toda la tierra. ¿Todavía te ensoberbeces contra mi pueblo, para no dejarlos ir?" (Éxodo 9:13-17)

¿Ha leído alguna vez esta parte de las Escrituras y la ha considerado con el corazón y la mente? ¡Es profundo! Hay muchas preguntas que tengo con respecto al "por qué" Dios levantaría a un líder impío para detener el fluir de Su propósito en la tierra.

Probablemente lo ha visto en las películas, como Dios usó a Faraón para impedir que los hebreos vinieran al desierto para adorar a Jehová Dios.

Varias veces, se hizo el intento; a través de plagas y advertencias, se le ordenó al faraón que soltara a los hijos de Dios para que pudieran adorar junto con sus animales y personas, ¡pero el faraón no los dejo ir!

¿Quién se cree el Faraón que es?

El Faraón era la máxima autoridad en la tierra durante la época de Moisés, y cualquiera que estuviera bajo la jurisdicción del faraón, tenia que someterse a su liderazgo.

Los hebreos fueron llevados a Egipto cuando José encontró el favor del Faraón durante el tiempo que Dios les demostró favor a ellos. Cuando el nuevo Faraón tomo el mando, no estaba familiarizado con toda la misericordia que Dios había mostrado a Sus hijos. Escucha esto: **"Entretanto, se levantó sobre Egipto un nuevo rey que no conocía a José; y dijo a su pueblo: He aquí, el pueblo de los hijos de Israel es mayor y más fuerte que nosotros. Ahora, pues, seamos sabios para con él, para que no se multiplique, y acontezca que, viniendo guerra, él también se una a nuestros enemigos y pelee contra nosotros, y se vaya de la tierra."** (Éxodo 1:8-10)

Obviamente, Dios sabia que un nuevo rey (Faraón) había ascendido al liderazgo, y que Sus hijos enfrentarían una oposición horrible y terminarían como esclavos.

Aquí hay una cosa que debemos entender acerca de

nuestro amoroso Dios: El nunca se sorprende cuando enfrentamos adversidades. Incluso, me atrevería a decir que Dios ha preparado provisiones diarias para cada ocasión que enfrentaremos en esta vida.

Miremos un poco más a fondo en el versículo del capítulo 9 de Éxodo, lo que dice: **"Y a la verdad yo te he puesto para mostrar en ti mi poder, y para que mi nombre sea anunciado en toda la tierra."**

Sin duda y sin confundir el asunto, ¡Dios levantó a Faraón para Su buen placer!

El faraón no tenía el control de nada: ¡Jehová Dios lo tenía!

Con demasiada frecuencia, los creyentes tienden a *emocionarse* sobre la guerra espiritual, y empiezan a expulsar demonios de cualquier cosa y de todo lo que sea negativo. Empiezan a ver demonios escondidos detrás de cada arbusto o poste de luz.

¿De dónde salió esta vana idea o filosofía, qué todo lo negativo viene de Satanás? ¿De dónde nació? ¿Acaso no nació en la carne?

Creo que esta idea de que Satanás esta intentando destruir al pueblo de Dios fue creado en una mente carnal. En lo personal, yo si creo que este es el intento de Satanas destruir al pueblo de Dios - ¡pero no puede! ¡Esto es un hecho! Muriendo a uno mismo o sea, *morir a la carne*, es la clave para una vida victoriosa.

Los creyentes que no han *subido* la cruz de Cristo, aquellos que nunca han estado en el Calvario, ¡no entienden el poder de morir a uno mismo!

Aquí esta el hecho: ¿Puede un hombre *muerto* sentir algo? La respuesta es ¡NO! ¡Ni siquiera el diablo puede despertarlo! ¡Entonces, descansa en la muerte y la resurrección del poder de Cristo en ti! Cuando venga el diablo llamando a tu puerta, envía a Jesús para que le abra la puerta.

Recuerda siempre que el faraón era el elemento de Dios para entrenar a Su pueblo de muchas maneras. Dios usó a este hombre para enseñar a los hebreos a creer y confiar en Jehová Dios y apoyarse en El para todo.

¿Por qué Entro en Mi Vida ese Líder Impío?

Ahora, es posible que tenga alguna dificultad con un líder impío. Esa persona puede ser un miembro de su familia, sus padres (que no han nacido de nuevo), un jefe de trabajo, maestro en la escuela o líder severo de la iglesia.

Normalmente, si las cosas van bien, tendemos a sentirnos felices y alegres con nuestro destino en la vida. Si las cosas son negativas, tendemos a ver quien es el culpable que nos ha hecho sentir así

Rápidamente dirigimos nuestra atención a las palabras que se dijeron, o la mirada que nos dieron y concluimos, "Están en mi contra."

A menudo he escuchado a los creyentes decir: "¡Mi jefe en el trabajo es el diablo! Me tratan tan injustamente; ¡son tan sarcásticos y cruel conmigo!"

Si seguimos viendo a las personas como culpables, y no reconocemos la poderosa mano de Dios sobre nuestra situación, entonces, experimentaremos muchos "ataques."

Cuando Dios desea hacer algo profundo en nosotros, El levantará a los "faraónes" en nuestras vidas. Puede ser uno, dos o tres, y a veces todos se unen sobre nosotros.

¿Cuándo Es "Que el Faraón" Nos Dejará en Paz?

Debido a la falta de conocimiento y comprensión en las cosas de Dios, con frecuencia el elemento del líder impío se malinterpreta.

Si después de reprender a los demonios, condenar a la gente y hacer trueques con el Señor, si todavia las cosas siguen igual, debemos buscar la verdad.

Escucha mi amigo, el faraón no nos dejará solos, hasta que se haya alcanzado, aprendido y aplicado la lección.

El elemento de los lideres impíos no fue creado para que podamos poner en practica nuestra autoridad en Cristo; este elemento fue dado para que pudiéramos aprender como Dios usa las cosas, circunstancias y personas, para Su gloria.

Mi tarea como seguidor de Cristo, es confiarle cada circunstancia en mi vida. Soy responsable por conectarme con el Señor, escuchar Su voz, aplicar Sus principios y continuar permaneciendo en Su presencia!

No es mi deber averiguar que demonio vino atacarme, ni cual es su nombre ni su dirección. ¡Mi vision es Cristo!

Dios trae elementos a mi vida que han sido diseñados de tal manera que me romperá, me moldeará y me dará nueva forma, para llenarme con Su mayor propósito para mi vida.

Cuando *los faraones* aparezcan ante nosotros, deberíamos correr al Señor para que nos cubra. Estamos en nuestro mejor momento cuando estamos escondidos en Cristo nuestro Dios.

Al cerrar este capítulo sobre los elementos de los líderes impíos, debemos reconocer que Dios obra en nosotros, y que nunca nos dejará luchar solos contra ningun *faraón* en nuestras vida.

Si hay algo de sabiduría que pudiera compartir con ustedes, seria lo que hay en el Salmo 91: "**El que habita al abrigo del Altísimo, Morará bajo la sombra del Omnipotente. Diré yo a Jehová: Esperanza mía, y castillo mío; Mi Dios, en quien confiaré. Él te librará del lazo del cazador, De la peste destructora. Con sus plumas te cubrirá, Y debajo de sus alas estarás seguro; Escudo y adarga es su verdad. No temerás el terror nocturno, Ni saeta que vuele de día, Ni pestilencia que ande en oscuridad, Ni mortandad que en medio del día destruya. Caerán a tu lado mil, Y diez mil a tu diestra; Mas a ti no llegará. Ciertamente con tus ojos mirarás. Y verás la recompensa de los impíos.**" (Salmo 91:1-8)

Capítulo 3

El Elemento de las Imposibilidades
¿Por Qué el Mar Rojo y Por Qué de Esa Manera?

"Y luego que Faraón dejó ir al pueblo, Dios no los llevó por el camino de la tierra de los filisteos, que estaba cerca; porque dijo Dios: Para que no se arrepienta el pueblo cuando vea la guerra, y se vuelva a Egipto. Mas hizo Dios que el pueblo rodease por el camino del desierto del Mar Rojo. Y subieron los hijos de Israel de Egipto armados." (Éxodo 13:17-18)

Después de que el pueblo de Dios fue tratado injustamente, clamaron a Dios, y el Señor les respondió que levantaba a Moisés como Su libertador. Moisés aparece en escena con gran unción, haciendo señales y maravillas y luego se enfrenta al faraón.

Fue el diseño de Dios que Su pueblo llegara a un momento de desesperación en sus vidas y creciera en ellos, el deseo de liberarse de la servidumbre de la esclavitud bajo la que estaban.

Creo que el *deseo de liberarse,* es un deseo colocado en el corazón del ser humano por Dios con el propósito de llevar a ese vaso a una temporada de preparación con el motivo de realizar los propósitos de Dios.

La gente a menudo, se pregunta por que algunos se quedan atrapados en el mismo lugar toda su vida. La respuesta a eso, de mi estimación, se debe a la falta de madurez del individuo. No hay un deseo ardiente de entrar en el propósito de Dios para sus vidas, por lo tanto, se estancan.

Muchos creyentes en estos tiempos, se contentan con permanecer así. Viven del maná de ayer; beben de cisternas de experiencias pasadas, y el hecho de que son aceptadas y queridos en sus iglesias y ministerios lo hace ¡Aun mas atractivo para no moverse!

Dios usualmente conmueve el corazón del individuo que El esta preparando; lo hace en forma de que agita las emociones, poniendo a prueba sus motivos, y estirando su fe, etc.

Dios se estaba preparando para sacar a su pueblo de Egipto, y el proceso de cambio, por lo general, nunca es fácil.

Estar en esclavitud durante unos 400 años, no fue una situación fácil de superar. Hábitos, modales, cultura, estructura, mentalidades diferentes y golpes duros, iban a ser algunos de los obstáculos que tendrían que cruzar.

Por la ruptura de estas practicas y hábitos, Dios tenia un plan - un plan sabio. Dios conocía el corazón de Su pueblo y sabia lo frágil y vulnerables que eran. Por eso

Dios diseño un plan maestro, para levantarlos y llevarlos a Su propósito.

Su Conocimiento lo Hace Más Fácil

Al llevar a Su pueblo a una encrucijada donde la fe será probada, no será nada facil. Habrá adversidad, desafíos y a veces, hasta víctimas.

Aquellos que abrazan los elementos, siempre procederán adelante como el oro. Aquellos que entienden las formas celestiales, siempre conocerán los caminos de Dios.

Por alguna razón, recuerdo las palabras de Jesús cuando dijo: **"Venid a mí todos los que estáis trabajados y cargados, y yo os haré descansar. Llevad mi yugo sobre vosotros, y aprended de mí, que soy manso y humilde de corazón; y hallaréis descanso para vuestras almas; porque mi yugo es fácil, y ligera mi carga."**

(San Mateo 11:28-30)

Jesús promete descanso a todos los que acudan a El, los que toman Su yugo y aprenden de El. Agrega, **"…Mi yugo es fácil y ligera mi carga"**, ¡Oh! Que Dios nos de entendimiento en esto, con fin de librarnos de nuestro propio egoísmo.

Una vez que entendemos que es el Padre quien tiene los elementos en Sus manos, rápidamente descubriremos el resto de lo que Jesús, nos esta diciendo.

Mientras sigamos tratando de averiguar los elementos por nosotros mismos, daremos vueltas por toda la eternidad. En el momento en que entendemos la revelación de que es Dios, que hace que las cosas se muevan a nuestro alrededor, sobre nosotros, bajo nosotros y en nosotros, entonces habremos llegado al principio de Su sabiduría.

El Motivo de Dios Revelado a través del Mar Rojo

Si lee el pasaje de Éxodo 13:17-18, notará la sabiduría de Dios revelada. En este verso, descubriremos la verdadera razón por la que Dios tomó el pueblo de los hebreos a través del Mar Rojo, y no alrededor o de alguna otra forma rápida.

Como dije antes, Dios conocía a Su pueblo, lo frágil y vulnerable que era. Basado en que conocía a Su propia creación a profundidad, Dios decidió que sería mejor llevarlos a través del Mar Rojo y no alrededor.

Escuche las palabras que Dios estaba hablando sobre Sus propios hijos, **"no sea que la gente cambie sus mentes cuando vean a la guerra y regresen a Egipto."**

Lo que Dios realmente estaba diciendo aquí era que Su propia gente se enfrentaría a la guerra, y cambiarían sus mentes sobre la Tierra Prometida. Ellos probablemente decidan dejar la promesa que Dios les hizo debido al miedo en sus propias mentes. Abortarían totalmente el plan de Dios y volverian al antiguo Egipto.

Entonces, Dios en Su sabiduría, decidió que sería mejor llevarlos a través del Mar Rojo y cruzarlo en tierra seca y de esta manera, no tendrían forma de volver a Egipto. Dios conoce todas nuestras tendencias egoístas.

El Elemento del Mar Rojo

Cuando los hijos de Israel llegaron al Mar Rojo, notaron que no había mas espacio para seguir adelante. Así que se preguntaron y se preguntaron, ¡luego entraron en pánico!

¿Qué te dices a ti mismo cuando ves un obstáculo? ¿Ves una imposibilidad? ¿Ves una posibilidad para que Dios haga algo maravilloso? ¿Cuál es tu mentalidad hacia los *Mares Rojos* en tu propia vida? Esto es lo mismo que atormentaba a los hebreos.

Ahora, veamos alguna de las cosas que descubrimos sobre el pueblo de Dios a medida que comienzan a sufrir pruebas insoportables hasta la fecha: "Y endureció Jehová el corazón de Faraón rey de Egipto, y él siguió a los hijos de Israel; pero los hijos de Israel habían salido con mano poderosa. Siguiéndolos, pues, los egipcios, con toda la caballería y carros de Faraón, su gente de a caballo, y todo su ejército, los alcanzaron acampados junto al mar, al lado de Pi-hahirot, delante de Baal-zefón. Y cuando Faraón se hubo acercado, los hijos de Israel alzaron sus ojos, y he aquí que los egipcios venían tras ellos; por lo que los hijos de Israel temieron en gran manera, y clamaron a Jehová. Y dijeron a Moisés: ¿No había sepulcros en Egipto, que nos has sacado para que muramos en el desierto? ¿Por qué has hecho así con nosotros, que nos has sacado de Egipto? ¿No es esto lo que te hablamos en Egipto, diciendo: Déjanos servir a los egipcios? Porque mejor nos fuera servir a los egipcios, que morir nosotros en el desierto. Y Moisés dijo al pueblo: No temáis; estad firmes, y ved la salvación que Jehová hará hoy con vosotros; porque los egipcios que hoy habéis visto, nunca más para siempre los veréis. Jehová peleará por vosotros, y vosotros estaréis tranquilos. Entonces Jehová dijo a Moisés: ¿Por qué clamas a mí? Di a los hijos de Israel que marchen. Y tú alza tu vara, y extiende tu mano sobre el mar, y divídelo, y entren los hijos de Israel por en medio del mar, en seco." (Éxodo 14:8-16)

¿Captaste las actitudes que el elemento (del Mar Rojo) ha sacado de ellos?

Mientras nadie los persiguiera, los hijos de Israel estaban "enmendando" y alabando a Dios, pero en el momento en que se enteraron de que el faraón los estaba persiguiendo, ¡se volvieron locos! Oh, que conocieramos mas afondo, la sabiduria de Dios.

Salio el miedo, salió la culpa, salio la indecisión, etc.

Hay tantos creyentes que son como estos hebreos: Todo es "felicidad," hasta que el *Mar Rojo* los bloquea, y ahora tienen que lidiar con ¡ellos mismos!

El elemento del Mar Rojo fue la herramienta que usó Dios, para impedir que los hijos de Israel avanzaran hacía su Tierra Prometida. Solo aquellos que marcharían hacia adelante tendrían la oportunidad de experimentar la promesa.

Los hebreos ahora enfrentaban montañas a cada lado debido al desierto, el ejercito de Faraón viniendo tras ellos y un Mar Rojo que no los dejaría que ellos pasaran.

¿Qué puede hacer un hombre en esta situación? ¿Qué

puede hacer alguien que enfrenta esta desesperada situación? ¿Qué haría usted si estuviera en *los zapatos* de estos hebreos? ¿Empezaría a escalar montañas? ¿Empezaría a pelear con el poderoso ejercito del Faraón? ¿Empezaría a nadar a través del Mar Rojo? ¿O esperaría por la instrucción de la palabra de Dios? ¿Qué haría?

¿Por qué me lloras? ¡Adelante!

"Y Moisés dijo al pueblo: No teman. quédense quietos y vean la salvación del Señor…" El consejo de Moisés a los hijos de Israel fue que no tuvieran miedo y se quedaran quietos y vieran lo que Dios iba hacer. Esto suena reconfortante, pero ¿lo fue?

Aparentemente, estas palabras no parecían consolar a los temerosos hebreos, hasta que Dios rompió con conocimiento revelador. Escuche esto: **"Y el Señor dijo a Moisés: ¿Por qué clamas a mí? Di a los hijos de**

Israel que marchen. Pero levanta tu vara y extiende tu mano sobre el mar y divídelo. Y el pueblo de Israel pasara por tierra seca en medio del mar".

Moisés tenia un gran conocimiento del poder de Dios, pero el pueblo de Dios estaba estancado o peor aún, estaban paralizados por el miedo. Nada mueve a un paralítico como un milagro, y nada podría mover a los hijos paralizados de Dios, sino una palabra celestial que dice: "¿Por qué tú me lloras? ¡Avanza!"

No fue hasta que Dios le reveló a Moisés lo que El necesitaba hacer, que el pueblo avanzó en suelo seco.

El *elemento de las imposibilidades* seguirá a todos lo que creen. Todos seremos desafiados en un momento u otro para cruzar nuestras propias posibilidades.

Mas que una decoración en el planeta, y un mar que acomoda peces, el Mar Rojo fue una herramienta en las manos de Dios. El Mar Rojo torno ser un elemento que revelaría la naturaleza verdadera de Su pueblo al ellos hacer el intento de entrar a Su promesa. Asi será con todos nosotros los que creemos.

Capítulo 4

El Elemento de los Desiertos
¡La Emoción de No Tener Nada!

"Asegúrate de obedecer todos los mandatos que te entrego hoy. Entonces vivirás y te multiplicaras, y entraras en la tierra que el Señor juro dar a tus antepasados y la poseerás. Recuerda como el Señor tu Dios te guio por el desierto durante cuarenta años, donde te humillo y te puso a prueba para revelar tu carácter y averiguar si en verdad obedecerías sus mandatos. Si, te humillo permitiendo que pasaras hambre y luego alimentándote con mana, un alimento que ni tu ni tus antepasados conocían hasta ese momento. Lo hizo para enseñarte que la gente no vive solo de pan, sino que vivimos de cada palabra que sale de la boca del Señor. En todos esos cuarenta años, la ropa que llevabas puesta no se gastó, y tus pies no se ampollaron ni se hincharon. Ten por cierto que, así como un

padre disciplina a su hijo, el Señor tu Dios te disciplina para tu propio bien." (Deuteronomio 8:1-5)

Cuando escuchamos la palabra *desierto*, inmediatamente una emoción negativa nos supera, y para ser honesto, no es un lugar que anhelamos.

Un desierto no suele ser un lugar maravilloso donde te vas de vacaciones y haces para-sailing o buceo y mucho menos recostarse en una silla en el agradable clima de 78 grados junto a una piscina. ¡No señor! No en un desierto.

De hecho, el desierto es probablemente el lugar donde nadie desearía ir de vacaciones; es un lugar extremadamente caluroso, árido y muy solitario.

Se conoce que los desiertos simbolizan esos lugares o temporadas en la vida que todos enfrentamos cuando parecemos estar secos o solos.

¿Has estado alguna vez en el desierto? Ese lugar donde no sientes nada, y no vas a ninguna parte en lo que a ti respecta (o sea, no hay progresion alguna,) y *renunciar* - seria la mejor opcion, mientras aun tienes aliento.

Creo que los desiertos tienen propósitos muy específicos en nuestro caminar con Dios y si los ignoramos, es posible que nunca salgamos de ellos.

El elemento de los desiertos es lo que Dios usa para probar el corazón, devoción, resolución (compromiso) y persistencia del cristiano.

Dios Está Detrás de Nuestros Corazones

"¿Por qué Dios usaría una experiencia desértica apara probar los corazones de los niños hebreos mientras marchaban por la tierra del desierto? Esto es lo que obtuve mientras estudiaba este pasaje: "Recuerda como el Señor tu Dios te guio por el desierto durante cuarenta anos, donde te humillo y te puso a prueba para revelar tu carácter y averiguar si en verdad obedecerías sus mandatos." (Deuteronomio 8:2)

Algo importante debemos saber sobre los desiertos; los desiertos nos prueban enteramente, tanto nuestro mundo interior como nuestro exterior.

Ahora los hebreos estaban tan emocionados con el hecho inicial de salir de Egipto y seguir el liderazgo a través de Moisés, que parecía una excelente idea. Ellos estaban decididos a seguir adelante sin importar que.

La mayoría de los creyentes tienden a ser así, cuando se sienten exuberantemente emocional con oportunidades para hacer algo, o ir a algún lugar que involucre al Señor. Sin embargo, cuando El comienza la "caminata" real, comienzan a quejarse y a quejarse de como es tan difícil, e incluso tal vez pueden comentar del porque no se quedaron atrás y no haber hecho el viaje. ¿Has escuchado esto? ¿Lo has hecho tu?

El Típico Llanto de los Inmaduros

He observado este curso de acción, actitud o expresión surgida de los creyentes a lo largo de mi tiempo sirviendo a Jesús, y es tan consistente con los patrones bíblicos.

¿A que exactamente estoy haciendo referencia específica? Estoy haciendo referencia específica al tipo de respuesta que los creyentes inmaduros tienen cuando se les invita a un viaje misionero, cuando se les pide que dirijan un nuevo ministerio, cuando son llamados a ser los responsables de algún programa: se emocionan y se sienten humildes por la oportunidad. Todo esto esta bien. Pero…

Cuando el proceso comienza y uno tiene que *moler* para "provocar que suceda" se desconciertan, confunden, enojan y encuentran rápidamente maneras de escapar de la oportunidad que el Señor les ha dado. Esto es demasiado común.

Sin saber que es un desierto y cual su intención es: el siervo del Señor aborta la obra de sus manos, critica la falta de apoyo de los demás, y se cierra.

La Intención de Dios Para el Desierto

Como leímos antes, la intención del Señor es realmente todo lo que importa. Cuando nos pongan a prueba, sería sabio reconocer lo que el Señor busca. ¿Qué es lo que el Señor está tratando de transmitirnos?

Primero, Moisés les habla a los hijos de Israel y les dice: **"Recuerda como el Señor tu Dios te guio por el desierto durante cuarenta años en el desierto."**

Esto es lo que tenemos que afrontar: fue Dios quien nos condujo durante cuarenta años por el desierto. Esto muestra que Dios no se olvidó, ni siquiera por un segundo, que sus hijos estaban caminando en un desierto durante cuarenta años. En otras palabras, Dios conocía el desierto, y Dios uso el desierto para sus propósitos.

¡Si, el hará lo mismo por nosotros! Debemos ver el desierto con los ojos y la misma intención que Dios tenía. Dios fue muy claro y declara algunos propósitos para la experiencia en el desierto: 1) para humillarte 2) para ponerte a prueba y 3) saber lo que hay en tu corazón.

Nada Compara Con la Emoción de Ser Humillado

No creo que haya nada parecido a la sensación de ser humillado por alguien o algo. La humildad nos devuelve a nuestras raíces. Tal vez debería de decirlo de esta manera: la humildad nos lleva de regreso a nuestro estado original-- ¡polvo! Dios quiere que recordemos quienes somos y quien es responsable de mantenernos firmes.

¡La humildad en su forma básica significa para mí, "Dios primero en todo!" No hacemos un movimiento por nuestra cuenta, fuerza, idea, concepto y/o intelecto. Esperamos en el Señor para el conocimiento de la revelación, y luego nos movemos según Su deseo.

Una Prueba Celestial Saludable

Moisés también les recordó a los hijos de Israel que no solo estaban siendo humillados por la experiencia, sino que ellos también serian probados.

La palabra *prueba*, es a veces vista como algo *malo*, para muchos. Ser probado a algunos les trae recuerdo de cuando estaban en la escuela y como tenían que estudiar y estudiar para aprobar los exámenes. Eso explica las innumerables pesadillas.

Ahora para algunos, las pruebas son algo bueno. Es un marcador de logro y una medida de si uno ha aprendido las lecciones necesarias para el próximo capitulo de la vida.

Sin embargo, Dios probo a los hijos de Israel. Estoy seguro de que la prueba tuvo mucho que ver con la fe, la devoción y quizás perseverancia.

¿Qué Hay Realmente en Tu Corazón?

El desierto también trajo a los hijos de Israel a la cruda realidad de lo que realmente había en sus corazones. Dios conocerá nuestros corazones por nuestra respuesta al elemento de desiertos en nuestra vida personal.

Como reaccionamos y respondemos a la soledad, la

sequedad y desamparo, contara la historia - ¡nuestra historia!

¡No necesito consuelo carnal, sino una revelación de Cristo!

El elemento del desierto tiene una forma natural de *rompernos*. Empieza quitando todas las emociones carnales.

Nadie nos llama, nadie nos habla, nadie nos busca, a nadie le importa nuestros logros, nadie viene a nuestro ministerio o estudio bíblico, nadie viene a nuestro lugar de negocios, ya nadie nos alaba, a nadie le importa lo que haces para ganarte la vida, nadie se emociona con tu nueva experiencia con Dios, nadie, nadie, ¡nadie!

Esto nos hace profundizar y hacernos preguntas mas profundas con respecto a nosotros mismo, Dios y el propósito en nuestra vida. La búsqueda nos llevará a un lugar de revelación. ¡Va a exprimir la miel de nosotros!

Recordemos no descartar nunca los muchos desiertos que experimentaremos en nuestro caminar con el Señor. Después que hayamos sobrevivido al desierto, estaremos llenos de sabiduría, nueva revelación y poder.

Capítulo 5

El Elemento de los Gigantes en la Vida
¡Oh! ¡Dios Mío, Hay gigantes en la tierra!

"Y anduvieron y vinieron a Moisés y a Aarón, y a toda la congregación de los hijos de Israel, en el desierto de Parán, en Cades, y dieron la información a ellos y a toda la congregación, y les mostraron el fruto de la tierra. Y les contaron, diciendo: Nosotros llegamos a la tierra a la cual nos enviaste, la que ciertamente fluye leche y miel; y este es el fruto de ella. Mas el pueblo que habita aquella tierra es fuerte, y las ciudades muy grandes y fortificadas; y también vimos allí a los hijos de Anac. Amalec habita el Neguev, y el heteo, el jebuseo y el amorreo habitan en el monte, y el cananeo habita junto al mar, y a la ribera del Jordán. Entonces Caleb hizo callar al pueblo delante de Moisés, y dijo: Subamos luego, y tomemos posesión de ella; porque más podremos nosotros que ellos. Mas los varones que subieron con él, dijeron: No podremos subir contra aquel pueblo, porque es más fuerte que nosotros. Y hablaron mal entre los hijos de Israel, de la tierra que habían reconocido, diciendo: La tierra por donde pasamos para reconocerla, es tierra que traga a sus moradores; y todo el pueblo que vimos en medio de ella son hombres de grande estatura. También vimos allí gigantes, hijos de Anac, raza de los gigantes, y éramos nosotros, a nuestro parecer, como langostas; y así les parecíamos a ellos." (Números 13:26-33)

A menudo me he preguntado por qué el Señor nos llama para avanzar en una nueva empresa y en el momento en que lo hacemos, nos enfrentamos a una gran oposición. ¿Por qué sucede esto?

Por alguna razón, Dios siempre ha enfatizado en el desarrollo personal. Es mi convicción que Dios está más interesado en nuestra transformación, que cualquier cosa que El tiene en mente darnos. Esta es la mente del Señor.

Ahora, también se que algunos no están tan afinados con esta filosofía, pero al estudiar las escrituras, descubres, que Dios se trata más de transformación que acerca de cualquier gran logro.

Dios Sabe Todas las Cosas

Como el Señor instruyó a Su pueblo a poseer la tierra, les aseguró que si avanzaban, la obtendrían; pero, la fe de la gente decayó. La gente comenzó a retroceder a la instrucción del Señor, y eligió enviar doce espías en su lugar (solo para asegurarse de que lo que Dios había prometido, era cierto).

Después de cuarenta días de investigar y estudiar la tierra, vieron que lo que el Señor les había dicho, era verdad. ¡El fruto fue maravilloso y la tierra próspera!

La mayoría de nosotros reaccionamos con entusiasmo durante la primera fase de un nuevo proyecto, y luego de alguna manera nos convencemos de que podemos tenerlo si nos esforzamos lo suficiente. ¿No es esto cierto?

Mientras los hijos de Israel examinaban la tierra, entusiasmados con sus hallazgos, se encontraron algunas personas que parecían ser de gran estatura. Cuando ellos, miraron más de cerca, notaron que estos tipos ¡eran gigantes!

Tenga en cuenta que Dios sabía esto desde el principio. Dios sabía que Su pueblo se enfrentaría a sus propias debilidades.

De repente, el sueño que Dios había prometido para ellos, se volvió cada vez más distante; los gigantes parecian ser cada vez más y mas grandes, y las posibilidades de entrar en la promesa de Dios, fue puesto *en un estante.*

El Informe

El informe de los espías se basó en lo que sus ojos vieron y lo que sus oídos habían escuchado, no en lo que Dios había dicho. Toda prueba debe ser aprendida por la fe, o de lo contrario, ¡fallaremos!

Ahora, de los doce espías, diez de ellos estaban en contra de la idea de poseer la tierra, solo dos de ellos creyeron a Dios. Josué y Caleb eran hombres de un espíritu diferente y tenían un conjunto de diferentes facultades: ¡Creían en Dios!

Es extraño como estos dos poderosos siervos de Dios eventualmente, tomaron posesión de la tierra que Dios había prometido. ¡Hay una razón por la que algunas personas poseen la tierra y otros no! Hay una razón real por la que algunos caminan en lo mejor de

Dios, y otros nunca lo harán.

¡La Visión de Dios Debe Hacerse a la Manera de Dios!

Esto es lo que normalmente encuentro en hombres y mujeres de Dios que son desafiados a seguir el corazón de Dios.

Dios revelará Su voluntad para con ellos y como deberán llegar al fin deseado por Dios, pero en su esfuerzo, el siervo de Dios no sigue Su voz.

Dios sabía exactamente lo que estaba haciendo con sus hijos; ¡Él siempre lo sabe!

Sabía que sus hijos probablemente dudarían de su plan y visión, pero en Su amor, lo compartió con ellos. Les dijo que fueran y tomaran la tierra, porque les pertenecía.

Así que el pueblo de Dios decidió encontrarse con Dios a mitad del camino; decidieron enviar espías primero y si las cosas estaban bien, seguirían adelante para cruzar el Jordán y luego vivir felices.

Esto es lo que debes suceder con la visión de Dios; debe realizarse a la manera de Dios. Es la mejor forma; ¡Es la única forma!

El Elemento Hará Tres Cosas.

El elemento provocará tres cosas en nosotros, pero es una santa provocación.

Primero, el elemento hará que te veas a ti mismo como realmente eres o quien eres realmente. Todos los miedos, dudas y habilidades o la falta de ellas, serán viciosamente expuestas. Es vital que el elemento nos haga esto. Si no reconocemos quienes somos realmente, entonces no sabremos cuanto realmente necesitamos de Dios.

El error en muchos es la mente carnal. Personas tienden adoptar un enfoque ligero al seguir la voluntad de Dios, y luego se dan cuenta rápidamente cuanto realmente necesitan de Dios.

En segundo lugar, el elemento le hará ver como de grande realmente el elemento es. Al grado que uno ve a un gigante, es al grado que uno se ve pequeño delante de el. Cuando uno se enfoca en la grandeza de un problema, no se puede enfocar en que tan grande uno es.

El elemento tiene este efecto: nos hace mirar para que podamos evaluarlo. Una vez que lo hacemos, es natural evaluarnos en presencia de dicho elemento. Es ahí cuando sacamos nuestras conclusiones de nosotros mismos: somos demasiado pequeños, demasiado insignificantes, demasiado débiles, demasiado tontos, demasiado estúpidos e incapazes y no calificamos.

Cuando nos comparamos con nosotros mismos, puede que sea una cruda realidad. Es por eso que *no* debemos hacer esto: hay que medirnos *escondidos* en Cristo. **"Porque habéis muerto, y vuestra vida está escondida con Cristo en Dios. Cuando Cristo, vuestra vida, se manifieste, entonces vosotros también seréis manifestados con él en gloria."** (Colosenses 3:3-4)

En tercer lugar, el elemento nos hará ejecutar y escondernos, o nos hará, ¡mirar a Dios de una manera diferente!

A menudo, hemos abortado innumerables conjuntos de instrucciones y todo porque sentimos que no podemos completarlas. ¡Nosotros fallamos al no mirar a Dios, el Autor y Consumador de nuestra fe!

Recuerde siempre: si alguna vez, Dios le dijo que haga

algo por amor a Su nombre, recuerde que junto con las promesas, viene el conjunto de instrucciones. Es realmente idea de Dios, y hará provisiones para ello, hasta el final.

El hablará a su corazón y lo guiará a través del primer paso y caminará con usted en su proyecto hasta completarlo ¿Cree usted esto?

¡Cada Gigante Tiene Una Correa!

Cada gigante que haya aparecido o que en algún momento aparecerá en su vida, está en una correa. Los gigantes son herramientas de Dios para hacerte bien. No te harán daño, sino que te ayudarán a profundizar más en Dios.

El elemento de los gigantes en tu vida puede significar una cosa: (1) es la ilusión de un obstáculo que finge ser mas grande que el Dios a quien le sirves; o

(2) algo que intenta evitar que entremos en una relación mas profunda y amplia con Dios; (3) o tambien, los gigantes son el epitome del miedo y la parálisis de su movimiento hacia seguir adelante en Dios y sus promesas.

¡Oh! Y por cierto, el fruto es bastante impresionante, sin mencionar la leche y la miel.

Capítulo 6

El Elemento de Perder Alguna Persona
"...mi esposo esta muerto..."

"Una mujer, de la mujeres de los hijos de los profetas, clamo a Eliseo, diciendo: Tu siervo mi marido ha muerto; y tu sabes que tu siervo era temeroso de Jehová; y ha venido al acreedor para tomarse dos hijos míos por siervos. Y Eliseo le dijo: ¿Qué te hare yo? Declárame que tienes en casa. Y ella dijo: Tu sierva ninguna cosa tiene en casa, sino una vasija de aceite. El le dijo: Ve y pide para ti vasijas prestadas de todos tus vecinos, vasijas vacías, no pocas. Entra luego, y enciérrate tu y tus hijos; y echa en todas las vasijas, y cuando una este llena, ponla aparte. Y se fue la mujer, y cerro la puerta encerrándose ella y sus hijos; y ellos le traían las vasijas, y ella echaban del aceite. Cuando las vasijas estuvieron llenas, dijo a un hijo suyo: Tráeme aun otras vasijas. Y el dijo: No hay mas vasijas.

El Elemento de Perder Alguna Persona

Entonces ceso el aceite. Vino ella luego, y lo conto al varón de Dios, el cual dijo: Ve y vende el aceite, y paga a tus acreedores; y tu y tus hijos vivid de lo que quede. Aconteció también que un día pasaba Eliseo por Sunem; y había allí una mujer importante, que le invitaba insistentemente a que comiese; y cuando el pasaba por allí, venia a la casa de ella a comer. Y ella dijo a su marido: He aquí que ahora, yo entiendo que este siempre pasa por nuestra casa, es varón santo de Dios." (2 Reyes 4:1-9)

Hay tantos eventos que suceden en la vida, y creo que uno de los eventos mas grandes y triste a la vez, es cuando un miembro de la familia, un pariente cercano, o incluso un amigo, muere.

Hacer frente a una prueba de esta magnitud, tiene que ser una de las emociones mas difíciles de afrontar.

En este capítulo, quiero abordar el elemento de perder a alguien de gran valor en nuestra vida.

Como he ministrado por mas de treinta años, he tenido la oportunidad de realizar muchos funerales. Todos los funerales son iguales pero diferentes a la ves.

Son iguales en el sentido de que el resultado será prácticamente el mismo, en cuanto la persona que muere descansará; pero también será diferente, o es decir, que el nivel de impacto diferirá en la importancia que tendrá la muerte en algunos miembros de la familia.

Algunas personas llorarán mas que otras, mientras que otras superarán la muerte y el entierro, en menos tiempo.

¡Tu Siervo, Mi Esposo Esta Muerto!

Sucedió en Israel que este hombre de Dios había fallecido y aparentemente su contribución monetaria a su casa era enorme y después de su muerte nadie pudo hacer los pagos a sus acreedores.

¿Se imagina la emocion que estaba experimentando esta viuda? La perdida de su marido, la perdida de sus pertenencias y ahora la posible perdida de sus hijos a manos de los acreedores. ¡Que prueba!

Este elemento específico tiene una manera de hacernos clamar desesperadamente a un Dios que siempre esta atento a nosotros. Nos hará profundizar mas, orar mas tiempo y nos hará mas determinados a recibir respuestas.

Uno puede intentar presentar un caso contra Dios por permitir que este siervo de Dios y único sostén de la familia, muera.

¿Sabia Dios de sus necesidades? ¡Si! ¿Sabia Dios a lo que se enfrentarían? ¡Si! ¿Sabia Dios que eso significaría que esta familia tendría que establecer una nueva orden en su estilo de vida? ¡Si!

Dios Siempre Tiene Una Solución

Cuando el profeta Eliseo escuchó el testimonio de esta mujer, fácilmente pudo sentir su necesidad y desesperación.

Eliseo es un *tipo* de Dios en este caso; el representa a Jehová en este cuadro.

Siempre debemos reconocer, mientras somos probados, Dios tiene sus ojos sobre nosotros. No permitirá que nos ocupemos de nuestros problemas solos; El es así de fiel.

La imagen que tenemos de esta viuda hablando con Eliseo es también la misma idea de suplicar cuando venimos a Dios con nuestras propias circunstancias.

Aquí hay dos preguntas sobre las que Dios quiere que reflexionemos:
> 1) *¿Qué debo hacer?*
> 2) *¿Qué tienes en casa?*

Cuando enfrentamos la perdida de alguien o algo, el sentimiento es difícil de describir. Todo tipo de emociones atraviesan nuestra mente y corazón. Pero a medida que buscamos a Dios y tocamos al Señor en oración, descubriremos que Dios realmente esta ahí. El esta listo para ayudarnos con cualquier cosa que nos ayude a estabilizarnos y hacernos avanzar.

En esta historia, Dios esta diciendo a través de Eliseo: **"¿Que haré por ti?"** Esto es lo que sucede cuando mantenemos la calma durante la tormenta.

Uno podrá orar y escuchar el corazón de Dios y conocer Su preocupación. Todo lo que debemos hacer ahora es preguntarnos que es lo que necesitamos de

Él; hay que ser lo mas específicos posible con nuestra necesidad.

La segunda pregunta podría estar relacionada con lo que uno puede hacer para mejorar la situación. En este caso, Eliseo le pregunto a la viuda: **"¿Qué tienes en tu casa?"** Por contexto, ¡era obvio que esta viuda no tenia nada! Todo lo que poseía ya había sido recogido por los acreedores. ¿Por qué Dios (en este caso Eliseo) estaba pidiendo algo de la casa?

Dios a menudo nos pedirá que profundicemos y busquemos la respuesta que necesitamos dentro de nosotros. ¡El nos creo y nos equipo con todo lo que necesitamos para profundizar en esta vida!

Nada en la Casa pero...

La viuda dijo: **"Tu sierva ninguna cosa tiene en casa, sino una vasija de aceite."** Cuando el profeta Eliseo escucho eso, el la instruyó: **"Ve y pide para ti vasijas prestadas de todos tus vecinos, vasijas vacías, no pocas. Entra luego, y enciérrate tu y tus hijos; y echa en todas las vasijas, y cuando una este llena, ponla aparte."**

¡Parece ser que la viuda había encontrado la salida! Dios la había escuchado llorar y ahora estaba a punto de convertir una situación difícil en una oportunidad para un milagro. Esto parece ser *la especialidad* del Señor de hacer cosas como estas. No necesita mucho para hacer un milagro, pero requiere la *cooperación* humana.

Cuando ya no había mas vasijas para llenar, el aceite dejo de fluir. Para entonces, Dios ha vertido suficiente aceite en sus vasijas para que ahora pueda venderlo y tener un futuro seguro al sacar provecho de el.

Lo que una vez pareció una situación sin salida, Dios la

cambio al dar Su sabiduría a través del profeta Eliseo en la mente y el corazón de la viuda. La mujer se movió con lo que Eliseo le había enseñado, y su necesidad fue satisfecha.

¡Con Dios, Perder es Ganar!

Cuando medito en estas Escrituras, encuentro que las pérdidas vienen. Las cosas se derrumban para algunos de nosotros, pero Dios siempre está cerca para escuchar nuestro clamor. La Biblia está llena de este tipo de promesas.

Cuando nos golpea la crisis de perder a alguien o algo valioso en nuestras vidas, el mejor camino para seguir, es el camino de la búsqueda de Dios.

Hacer lo contrario de correr y esconderse, aislarse de las personas que se preocupan y te aman, sería un grave error. Mucho mas todavia, seria culpar a Dios y correr.

Creo que estas cosas suceden en nuestras vidas con la intención de desarrollar aún más nuestra fe y fortalecer nuestra determinación en Dios.

Sería fácil entrar en una época de depresión, preocupación y miedo. ¡Muchos lo hacen!

Este elemento es particularmente valioso porque nos enseña a los creyentes que si ponemos nuestra confianza en Jesús y nos dejamos llevar por su Espíritu Santo, no existe ningun *callejón sin salida.*

Capítulo 7

El Elemento de Rendirse
"¡El Sonido de Una Voz Gritando!"

"Hubo un hombre enviado de Dios, el cual se llamaba Juan. Este vino por testimonio, para que diese testimonio de la luz, a fin de que todos creyesen por él. No era él la luz, sino para que diese testimonio de la luz." (San Juan 1:6-9)

¿Alguna vez ha echado un vistazo a la vida de Juan el Bautista? ¿Alguna vez ha considerado su educación, su obediencia, su sacrificio, y finalmente su decapitación por la justicia?

Profundicemos en el tema del *elemento de rendirse* y analicemos más a fondo este hermoso retrato del quebrantamiento.

Un Hombre Enviado por Dios

No hay duda de la vida y el mensaje de Juan el Bautista. Aquí tenemos a un hombre nacido a su debido tiempo para venir como un precursor del reino de Dios aquí en la tierra. Fue llamado a preparar el camino del Señor y hacer el camino de Dios recto. Fue puesto en libertad para anunciar la manifestación del Cordero de Dios, Jesucristo. ¡Qué ministerio!

Ahora bien, ¿se propagó Juan a si mismo? ¡No! ¿Fue Juan el Bautista un profeta autoproclamado o una voz de Dios? ¡No!

¡Las Escrituras dicen claramente que Juan era "un hombre enviado de Dios!"

Un Grito en el Desierto

"En aquellos días vino Juan el Bautista predicando en

el desierto de Judea, y diciendo: Arrepentíos, porque el reino de los cielos se ha acercado. Pues éste es aquel de quien habló el profeta Isaías, cuando dijo: Voz del que clama en el desierto: Preparad el camino del Señor, Enderezad sus sendas. Y Juan estaba vestido de pelo de camello, y tenía un cinto de cuero alrededor de sus lomos; y su comida era langostas y miel silvestre. Y salía a él Jerusalén, y toda Judea, y toda la provincia de alrededor del Jordán, y eran bautizados por él en el Jordán, confesando sus pecados." (San Mateo 3:1-6)

La vida de Juan el Bautista no comenzó en su ministerio en el desierto. A este hombre le llevo alrededor de treinta años de preparación. Quebrantado por el bien de los propósitos de Dios, Juan el Bautista fue guiado por el Espíritu a convertirse en la "voz" que Dios necesitaba.

Nacido de la Esterilidad

"Hubo en los días de Herodes, rey de Judea, un sacerdote llamado Zacarías, de la clase de Abías; su mujer era de las hijas de Aarón, y se llamaba Elisabet. Ambos eran justos delante de Dios, y andaban irreprensibles en todos los mandamientos y ordenanzas del Señor. Pero no tenían hijo, porque Elisabet era estéril, y ambos eran ya de edad avanzada" (San Lucas 1:5-7)

Todas las obras y obreros mas grandes de Dios, han sido nacido de la esterilidad.

¡Comenzando con nada más que una visión del Señor, estos (los nacidos de la esterilidad) los siervos se lanzan a lo profundo con Dios y logran hazañas mucho mayores que aquellas que tienen un propósito "natural."

Estos hombres no esperan la *luz verde* de la aprobación del hombre; ¡están esperando el "sonido de la pistola" que viene del trono del cielo como un trueno en sus espíritus! Es el sonido del Señor lo que escuchan y se mueven con determinación en medio del fuego de Dios.

"Llamarás Su Nombre, Juan"

"Pero el ángel le dijo: Zacarías, no temas; porque tu oración ha sido oída, y tu mujer Elisabet te dará a luz un hijo, y llamarás su nombre Juan. Y tendrás gozo y alegría, y muchos se regocijarán de su nacimiento; porque será grande delante de Dios." (San Lucas 1:13-15ª)

Zacarías vino de un linaje donde la costumbre era nombrar al primogénito como el padre; en este caso sería Zacarías.

La gente siempre está tratando de depender sobre lo que saben, la cual es una *vieja orden* de hacer cosas. Cuando Dios nos llama a encontrarnos con Él, generalmente es para lanzarnos dentro de una *nueva orden* de hacer las cosas. Por tan bueno que fue el pasado, es solo lo que es, ¡el pasado! Dios siempre está haciendo *cosas nuevas*.

El Señor le dice específicamente a Zacarías que su hijo se llamará Juan. ¡Esto luego desafiaría el estado quo de su día!

Las Tradiciones Deben Ser ¡Derrumbadas!

"Aconteció que al octavo día vinieron para circuncidar al niño; y le llamaban con el nombre de su padre, Zacarías; pero respondiendo su madre, dijo: No; se llamará Juan. Le dijeron: ¿Por qué? No hay nadie en tu parentela que se llame con ese nombre. Entonces preguntaron por señas a su padre, cómo le quería llamar. Y pidiendo una tablilla, escribió, diciendo: Juan es su nombre. Y todos se maravillaron. Y se llenaron de temor todos sus vecinos; y en todas las montañas de Judea se divulgaron todas estas cosas. Y todos los que las oían las guardaban en su corazón, diciendo: ¿Quién, pues, será este niño? Y la mano del Señor estaba con él. Al momento fue abierta su boca y suelta su lengua, y habló bendiciendo a Dios." (San Lucas 1:59-66)

En las tradiciones de los antepasados, todos estaban buscando al pequeño Zacarías corriendo por el templo, ¡Pero no estaba destinado a ser así! Dios tenía un plan y un propósito, sí, ¡incluso si significaba romper la tradición de nombrar a un primogénito como el padre!

Este nuevo mover de Dios fue tan notable que hizo que la gente se preguntara: "**¿Qué clase de niño será este?**" Dios estaba en camino de llevar a cabo Su propósito sobre la tierra a través de este joven siervo del Señor.

El *elemento de rendirse*, no es para el creyente que

no se compromete y se queja. Tampoco piense ni por un minuto, que ese es el camino fácil hacia el éxito. Comprender el valor de entregarse, puede ser una de las claves más importantes para desarrollar el futuro.

Contenido Para Ser la Voz de Dios

"Y el niño crecía, y se fortalecía en espíritu; y estuvo en lugares desiertos hasta el día de su manifestación a Israel." (San Lucas 1:80)

Ahora Juan se fue al desierto para vivir su vida; este era su propósito. Dios había inculcado esto en el espíritu de Juan.

La Escritura dice que, **"el niño crecía y se fortalecía en espíritu; y estuvo en lugares desiertos."**
¿Quién dice que rendirse no es algo valioso? ¿Quién dice que no puedes volverte fuerte en los desiertos de las pruebas y soledad? ¿Quién dice que no puedes

crecer fuerte en espíritu cuando estás solo? ¡Juan el Bautista lo hizo!

El no necesitó que sus hermanos o hermanas se reunieran a su alrededor y le dijeran cuánto lo amaban, apreciaban y aceptaban. ¡No señor! El Espíritu del Señor lo era todo para él.

Ahora John podría haber *sido alguien* de gran importancia. Su padre Zacarías, **"era sacerdote, de la división de Abías. Su esposa era de las hijas de Aarón ... "** (San Lucas 1:5) ¡Esta joven tenía tantos contactos! El pudo haber corrido con el circulo carnal de amigos y haber estado con gente muy influyente de su época, ¡pero no!

Incluso cuando su ministerio comenzó a obtener algo de "publicidad" y comenzó a ser conocido por los que estaban alrededor, Juan rápidamente elimino esa noción y dijo: **"Él debe aumentar, ¡pero debo disminuir!"**

(San Juan 3:30)

¡Esto es lo que te harán años de quebrantamiento en las manos del Maestro! Este es el resultado de comprender el *elemento de rendirse*.

Dios había tocado a este joven y Dios mismo con Sus manos transformaría su vida. ¿Quieres que Dios con Sus propias manos transforme tu vida? ¡Escuche Su voz y rápidamente obedece! Hay que no permitir que la amargura nos alcance durante el proceso de este rendimiento.

El Mayor Honor: ¡Servir al Rey!

"El siguiente día vio Juan a Jesús que venía a él, y dijo: He aquí el Cordero de Dios, que quita el pecado del mundo. Este es aquel de quien yo dije: Después de mí viene un varón, el cual es antes de mí; porque era primero que yo. Y yo no le conocía; más para que fuese manifestado a Israel, por esto vine yo bautizando con agua También dio Juan testimonio, diciendo: Vi al Espíritu que descendía del cielo como paloma, y permaneció sobre él." (San Juan 1:29-32)

Uno de los mayores misterios que he encontrado en la vida de Juan el Bautista y que me causan preguntas, son las siguientes:

> (1) ¿Por qué el ministerio de Juan el Bautista se detuvo en seco después de que Jesús apareció en escena?
> (2) ¿Sería justo para alguien?
> (3) ¿Sería justo prepararse para treinta y tantos años y el ministerio solo dura dos, o como máximo tres años?

¡Esto es lo que es una vida guiada por el Espíritu! Esto es realmente apreciar el *elemento de rendirse*.

Capítulo 8

El Elemento de Agradar al Padre
Aprendiendo a Ceder a los Deseos del Padre

"Yendo un poco adelante, se postró sobre su rostro, orando y diciendo: Padre mío, si es posible, pase de mí esta copa; pero no sea como yo quiero, sino como tú." (San Mateo 26:29)

Una de las características que he admirado en casi todas las personas que han logrado algo impactante en la vida, es el altruismo que acompaña a su sistema de valores y filosofía de vida.

Con frecuencia, muchos de los que serian geniales pierden su visión, su vocación o esfuerzo porque no pueden superarse a si mismos. Nada obstaculiza más la expresión de seguir adelante, que cuando un hombre se cree mas de lo que debe.

Jesucristo, nuestro Señor y Rey, fue un hombre lleno de humildad y quebrantamiento. Un hombre que no se atrevería a sobrepasar, usurpar o ir en contra de los deseos del Padre.

Es importante saber esto acerca del hombre Jesucristo, (nuestro ejemplo) antes de sumergirnos en nuestro tema en este capítulo. Cristo sabía quién era el Padre; Cristo sabía quién era El, y a qué había sido enviado hacer.

Hacer una Elección Piadosa

En nuestro texto anterior, encontramos a Jesús con tres de Sus discípulos durante una hora de oración.

Los discípulos eran buenos seguidores, pero no tenían el corazón de Dios en ellos. Solo siguieron externamente; solo hicieron lo que Jesús les dijo que hicieran.

La hora del dolor finalmente había llegado a la vida de Jesús y ciertas decisiones importantes se tenian que hacer. La principal decisión a la mano era elegir la muerte en una cruz o alejarse de ella.

Por un lado, Jesús no le debía nada a nadie; Él podría haber dicho: "¡Que tengan una buena vida, humanidad!" y regresar a la gloria que tenía antes de llegar a tierra.

La otra opción era llevar su cruz por todo el camino hacia la cruz del Calvario y morir la horrible humillante muerte de un criminal, por los pecados del mundo.

Su cuerpo estaba tan estresado y abrumado por la carga que la Escritura dice, **"Y estando en agonía, oraba más intensamente; y era su sudor como grandes gotas de sangre que caían hasta la tierra."** (San Lucas 22:44) ¿Se puede imaginar la presión de la situación en la que se encontraba?

Esto es lo que llamamos el *elemento de agradar al Padre*; cuando tienes la opción de servirte a ti mismo, pero en cambio, eliges seguir el corazón del Padre en lugar de salvar tu propia vida. ¡Este es un principio poderoso!

¿Es Dios o Yo?

Cuando se trata de agradar a nuestro Padre celestial, es para su beneplácito. Él no nos obliga a hacer cualquier cosa. Él no nos empuja a ponernos de Su lado, sino que espera para que reconozcamos nuestra necesidad de obedecer a nuestro Padre.

Mientras *más vivos a nuestra carnen* estemos, más difícil es el dejar ir nuestras ambiciones, planes, metas y visión egoístas. Cuanto más *muertos a nuestra carne* estemos, más fácil será el abrazar Sus propósitos.

Caminar con Jesús no es tan fácil como la gente dice.

Se necesita un tremendo sacrificio de uno mismo para que Cristo puede vivir y moverse en nosotros.

El *elemento de agradar al Padre* llegará a nosotros porque Dios sabe si algo o alguien más posee nuestros corazones o no.

La Relación Padre/Hijo Hace la Diferencia

Si existe una relación entre el Padre y nosotros, entonces podremos relacionarnos mejor con Él y conocer qué planes tiene. Si nuestra relación con el Padre no es íntima y nos encontramos distantes, entonces lucharemos para discernir lo que Dios quiere de nosotros.

La oración es uno de los mejores ejercicios espirituales para desarrollar la intimidad con el Padre; es la mejor herramienta para lograr que un hombre de corazón duro, recobre sus sentidos en el área de la humildad.

La oración traerá a cualquiera, a un contacto directo con el corazón y los deseos de Dios. Oración, pasar tiempo de calidad con Dios, es la clave para una vida más profunda y quebrantada.

Escuchar y Obedecer los Deseos del Padre

A medida que desarrollemos esta relación con Dios como un niño, comenzaremos a escuchar los secretos que solo un Padre le dice a sus hijos.

¿Qué distingue a un hijo de un sirviente? Un sirviente solo trabaja para el maestro y se le paga por el trabajo. Rara vez encontraremos la interacción entre maestro y sirviente que produce intimidad de pensamiento, corazón y mente.

Rara vez la relación entre el maestro y el sirviente aumenta el nivel de confianza como lo haría con un hijo o una hija.

Ahora, para el hijo, ¡el maestro no es un patron, el maestro es su padre! La tierna preocupación, el amor y el propósito fluyen con un ritmo diferente a la de un sirviente. Esto es cómo fluirá nuestra relación con el Padre una vez que reconocemos nuestra posición de filiación.

¡Es un Estilo de Vida!

Agradar al Padre es algo que debemos hacer diariamente. Debemos desarrollar esto en nosotros hasta que se convierta en algo ¡instantáneo!

Agradar al Padre no tiene nada que ver con la iglesia o ministerio. Es algo totalmente personal. Es el principio principal del creyente y nivel de vida.

Dios se asegurará de colocar los elementos en nuestro camino, sí, elementos que son propicios para esta vida que estoy hablando en este capítulo.

Dios hará todo lo que esté en su poder para traernos al lugar donde podamos aprender esto. Hay que no agitarnos por las innumerables veces que Dios nos ponga el reto de elegir lados. Todo es para la expansión de esta verdad poderosa, para agradarle en todas las cosas, siempre.

Como Jesús lo diría, **"Porque el que me envió, conmigo está; no me ha dejado solo el Padre, porque yo hago siempre lo que le agrada."** (San Juan 8:29)

Capítulo 9

El Elemento de la Liberación del Ministerio
¿Por Qué el Ladrón es el Tesorero?

"Y dijo uno de sus discípulos, Judas Iscariote hijo de Simón, el que le había de entregar: ¿Por qué no fue este perfume vendido por trescientos denarios, y dado a los pobres? Pero dijo esto, no porque se cuidará de los pobres, sino porque era ladrón, y teniendo la bolsa, sustraía de lo que se echaba en ella." (San Juan 12:4-6)

Me gustaría dirigir su atención a este capítulo y la frecuencia con la que este elemento se pone a prueba, el elemento de la *Liberación del Ministerio*.

Cuando somos ascendidos a un puesto o se nos confía la responsabilidad de hacernos cargo de supervisar un proyecto, lo primero que un siervo del Señor necesita ver, es la razón por la *que* se le confía el puesto entregado en sus manos. ¿Por qué llega la promoción a nuestras vidas?

Jesús Lo Supo Todo el Tiempo

Miremos a Jesús y Su ministerio aquí en la tierra. Aquí hay algunos hechos: Jesús eligió a los doce discípulos después de pasar una noche entera en oración. **"En aquellos días él fue al monte a orar, y pasó la noche orando a Dios. Y cuando era de día, llamó a sus discípulos, y escogió a doce de ellos, a los cuales también llamó apóstoles: a Simón, a quien también llamó Pedro, a Andrés su hermano, Jacobo y Juan, Felipe y Bartolomé, Mateo, Tomás, Jacobo hijo de Alfeo, Simón llamado Zelote, Judas hermano de Jacobo, y Judas Iscariote, que llegó a ser el traidor."** (San Lucas 6:12-16)

Por el texto de Lucas 6, sabemos que Jesús pasó toda

la noche en oración a Dios, y por la mañana, hizo Su elección de quienes serían sus discípulos.

Hay una lista allí y seria seguro decir, que Padre Dios, le dio a Jesús Su hijo, esta lista específica de nombres.

En los enumerados nombres, hay un individuo por el nombre de Judas Iscariote. Judas Iscariote no hizo una audición para esta posición; no, Judas Iscariote fue elegido literalmente por la mano de Dios para estar con Jesús y aprender sobre el reino de Dios.

¿Sabia Jesús a quien estaba eligiendo? El hizo saber que estos discípulos eran imperfectos, rudos alrededor de los extremos. La respuesta es, si, ¡por supuesto que lo sabía!

Si Jesús supiera que estos discípulos eran imperfectos y necesitaban mucho trabajo en su carácter, entonces ¿Por qué los eligió? Esta es una pregunta legitima, así que profundicemos con él.

¿Por qué Fue Elegido Judas Iscariote?

Tan imperfecto como era de carácter Judas Iscariote, era evidente que Jesús solo estaba siguiendo las instrucciones del Padre en este caso. El Padre probablemente le dijo a Jesús: *"Elige a este hombre. Su nombre es Judas Iscariote. Él es áspero, pero sin embargo, veremos su respuesta a la gracia y el favor de Dios. Si elige caminar en el reino, triunfará; si elige traicionarte, entonces se descalificará a sí mismo."* ¡Lo suficientemente justo!

Mientras reflexiono sobre esta historia, no puedo evitar pensar en las muchas veces que Dios ha elegido vasos débiles para llevar acabo Su obra. Todos venimos a Dios como somos: imperfectos, vergonzosos, temerosos, negativos, débiles y para ser honesto, ni calificados para hacer cualquier cosa. Es aquí donde se muestra la gracia y el favor de Dios para con nosotros. Lo que hagamos con esta gracia y favor determinará nuestro destino.

Judas Iscariote obviamente tenía algunas cualidades y quizás algunos *dones* relacionados con el tema del dinero. El era probablemente bueno con los números, y Jesús lo sabía. Talves en un tiempo, Jesus llevó a Judas a un lado, y le dijo: *"Judas, cuida el efectivo. Confió en tu juicio y tus dones. Aquí esta la caja del dinero."*

De alguna manera, Judas encontró favor en los ojos de Dios, y a los ojos de Jesús, se ganó el puesto de tesorero. Sin duda tenía el don, pero ¿Tenia el carácter para salvarse a si mismo y a los demás? ¡Aquí esta! La respuesta es *no*, ¡no tenía el carácter requerido!

Jesús también lo sabía, pero estaba dispuesto arriesgar y desarrollar este siervo de Dios en carácter. Creo que a menudo, Dios nos coloca en posiciones que somos buenos, solo para educarnos más profundamente y revelarnos a través de un juicio amoroso, nuestra verdadera naturaleza.

Realmente no podemos cambiar nada en nosotros, hasta que nos veamos como Dios realmente nos ve. Es en este lugar que procederemos a hacer los cambios necesarios que nos alinearán con su carácter, es decir, el carácter de Cristo.

¿Dios Nos Pondrá a Prueba en Nuestro Don?

Puede ser que el Señor haya estado reteniendo una oportunidad potencial para avanzar en su vida debido a algún problema de carácter oculto, y el Señor no quiere que se lastime gravemente.

Él nos mantiene alejados de convertirnos en un "superestrella" o en un "movedor de montañas" o "no permitirá que nuestro ministerio de sanidad, o de música, o de niños, mujeres, o ministerio de prisión" evolucione de la manera que nos gustaría, ¿por qué? ¿Por qué el Señor no le permitiría prosperar de acuerdo con las estadísticas, encuestas y opiniones de otros? ¡Porque el Padre sabe lo que es mejor para nosotros!

Note esto: Cuando el Señor nos revela un llamado para ministerio, nuestros líderes (autoridades) también deben confirmarlo; es a través de nuestros líderes, que podemos poner nuestro llamado por obra. Esta orden divina, nos abre nuestro destino en Dios.

Es vital que los siervos de Dios recuerden que si Dios nos ha entregado una oportunidad de ministerio; será un asunto doble.

Primero, seremos liberados para servir en una *capacidad de liderazgo* con todos los ojos del cielo puestos en nosotros, (sin mencionar a nuestros compañeros en la iglesia); y en segundo lugar, tendremos la oportunidad de mantener nuestro corazón, mente y manos, bajo autoridad ante Dios y el hombre.

Llegará el momento en que el verdadero *tú*, se manifieste. La prueba vendrá y te desafiará en todas las formas posibles. Tus emociones, tus decisiones, tus pasos prácticos, cómo recibes los aplausos y elogios del hombre y, por último, cómo tratas con el rechazo del hombre. Todo se reducirá a la decisión de mantener el curso donde Dios te puso o buscar un atajo, o en el caso de Judas Iscariote, un deseo de ganancia personal al traicionar a Jesús por treinta piezas de plata.

Que Significa el Valor de la Liberación del Ministerio

Lo que este capítulo realmente significa es que a nosotros, se nos confiará una oportunidad o quizás más que una oportunidad, para manifestar nuestros dones dados por Dios, talentos y habilidades.

Para aquellos que caminan con Dios y son siempre conscientes del carácter de Dios: la oportunidad llamará a nuestra puerta. Alguien nos exaltará, confiará en nosotros, nos aplaudirá e incluso invertirá en nosotros; lo que hagamos con ese aplauso será muy revelador de nuestro carácter personal.

Dios, que sabe todas las cosas, vigilará nuestra actitud, habilidad para tomar decisiones, el desarrollo de nuetro carácter, mucho más que nuestros talentos o habilidades para manejar un cierto proyecto, ministerio, o vocación.

Al igual que mantuvo sus ojos en Judas Iscariote cuando ningún otro ser humano le estaba prestando atención; vio a Judas Iscariote pasar el rato con los discípulos, también vio a Judas Iscariote pasar el rato con los soldados romanos, También vio a Judas Iscariote sacar algo de efectivo de la caja de dinero cada vez que pudo, y finalmente vio la codicia de Judas Iscariote y el *espíritu oportunista*, sacó lo mejor de él.

Enseñanza tras enseñanza, milagro tras milagro, Jesús esperaba una mejor respuesta de su entonces tesorero, pero fue en vano. Judas Iscariote se pervirtió a sí mismo; vislumbró la codicia egoísta y lo que podría traerle, y su corazón lo engañó haciéndole creer que traicionar a Jesús era el mayor honor a la vista de los romanos, y fracasó.

Al cerrar este capítulo, mi corazón está roto, solo pensando en lo bondadoso que es Dios con todos nosotros, y como desea lo mejor para todos. Sin embargo, nuestra "devolución del favor" a veces no se compara con el sacrificio que Jesus hizo por nosotros los pecadores.

1 Corintios 4:2 dice, **"Ahora bien se requiere de los**

administradores, que cada uno sea hallado fiel." Si vamos a ser vasos de Dios, entonces hay requisitos. Ser fiel a las oportunidades asignadas; hay que hacerlo con integridad, con fervor en nuestro espíritu, y con pasión en nuestra alma. No caiga en las mentiras de la carne, el diablo o el mundo.

No se desanime en la obra del Señor: Jesús dijo, **"He aquí yo vengo pronto, y mi galardón conmigo, para recompensar a cada uno según sea su obra."** (Apocalipsis 22:12)

Capítulo 10

El Elemento de Morir a Uno Mismo
¿Acaso Este Fue el Ultimo Mensaje de Esteban?

"Agradó la propuesta a toda la multitud; y eligieron a Esteban, varón lleno de fe y del Espíritu Santo…" (Hechos 6:5)

"Y Esteban, lleno de gracia y de poder, hacía grandes prodigios y señales entre el pueblo." (Hechos 6:8)

Cuando leí sobre quién era Esteban y las obras que el hizo, no puedo evitar pensar que Dios siempre se ha interesado en usar aquellos que están dispuestos a ser usados.

Ahora, el deseo de ser usado por el Señor viene desde lo más profundo.

¿Como sucedió esto?

Para empezar, Esteban era un humilde siervo del Señor y estaba dispuesto hacer cualquier cosa para promover la causa de Cristo en el mundo.

Su deseo y disposición positiva para ser usado de cualquier manera posible, hizo de este hombre un candidato de grandeza en el ejército de Dios.

El Ministerio de Esteban

El libro de los Hechos nos da una idea de quién era Esteban y qué tipo de hombre era.

Surgió la necesidad de cuidar a las viudas, y como los apóstoles estaban ocupados en la palabra y la oración, escogieron siete hombres para hacer el trabajo de diáconos [una palabra bonita para sirvientes].

Bueno - Esteban fue elegido como uno de los siete y así comienza nuestra historia.

Un Futuro Brillante

Cuando piensas en este asombroso y humilde siervo Esteban, realmente puedes decir: "¡Este tipo tiene un futuro brillante en la iglesia de Dios!" o "Esteban va a ser un gran predicador ¡y sacudirá el mundo para Dios uno de estos días! o "¿Has visto a este predicador desconocido? ¡Su nombre es Esteban! Dios le va a dar una gran iglesia o ministerio uno de estos días, ¡lo sé!"

Todo lo que podemos decir es que Esteban tenía todas las calificaciones para ser una gran fuerza en el reino de Dios; su vida fue ejemplar, sin mencionar, que el poder de Dios lo acompañó con señales y prodigios.

Una Oportunidad Piadosa

El Elemento de Morir a Uno Mismo

"Entonces se levantaron unos de la sinagoga llamada de los libertos, y de los de Cirene, de Alejandría, de Cilicia y de Asia, disputando con Esteban. Pero no podían resistir a la sabiduría y al Espíritu con que hablaba. Entonces sobornaron a unos para que dijesen que le habían oído hablar palabras blasfemas contra Moisés y contra Dios. Y soliviantaron al pueblo, a los ancianos y a los escribas; y arremetiendo, le arrebataron, y le trajeron al concilio. Y pusieron testigos falsos que decían: Este hombre no cesa de hablar palabras blasfemas contra este lugar santo y contra la ley; pues le hemos oído decir que ese Jesús de Nazaret destruirá este lugar, y cambiará las costumbres que nos dio Moisés. Entonces todos los que estaban sentados en el concilio, al fijar los ojos en él, vieron su rostro como el rostro de un ángel." (Hechos 6:9-15)

Sucedió, durante su llamamiento como diácono, que surgió una situación: una pandilla de religiosos en disputa se levantó en contra de Esteban. Levantaron falsos testimonios contra Esteban, con la intención de meterlo en problemas, y tal vez incluso asesinarlo.

Como lo acusaban los religiosos ante el sumo sacerdote, el sumo sacerdote dijo a Esteban: "¿Son estas [acusaciones] ciertas?"

A partir de aquí, Esteban procedió a predicar uno de los sermones más poderosos jamás registrados en la historia. Lleno de Dios y lleno de fe, Esteban dijo: "¡Duros de cerviz, e incircuncisos de corazón y de oídos! Vosotros resistís siempre al Espíritu Santo; como vuestros padres, así también vosotros. ¿A cuál de los profetas no persiguieron vuestros padres? Y mataron a los que anunciaron de antemano la venida del Justo, de quien vosotros ahora habéis sido entregadores y matadores; vosotros que recibisteis la ley por disposición de ángeles, y no la guardasteis." (Hechos 7:51-53)

El Elemento de Morir a Uno Mismo

Mientras Esteban continuaba presionando con la revelación de Dios, el grupo religioso no pudo más y procedió a atacarlo con saña y lo apedrearon, solo lea: "Oyendo estas cosas, se enfurecían en sus corazones, y crujían los dientes contra él. Pero Esteban, lleno del Espíritu Santo, puestos los ojos en el cielo, vio la gloria de Dios, y a Jesús que estaba a la diestra de Dios, y dijo: He aquí, veo los cielos abiertos, y al Hijo del Hombre que está a la diestra de Dios. Entonces ellos, dando grandes voces, se taparon los oídos, y arremetieron a una contra él. Y echándole fuera de la ciudad, le apedrearon; y los testigos pusieron sus ropas a los pies de un joven que se llamaba Saulo. Y apedreaban a Esteban, mientras él invocaba y decía: Señor Jesús, recibe mi espíritu. Y puesto de rodillas, clamó a gran voz: Señor, no les tomes en cuenta este pecado. Y pusieron testigos falsos que decían: Este hombre no cesa de hablar palabras blasfemas contra este lugar santo y contra la ley; pues le hemos oído decir que ese Jesús de Nazaret destruirá este lugar, y cambiará las costumbres que nos dio Moisés. Entonces todos los que estaban sentados en el concilio, al fijar los ojos en él, vieron su rostro como el rostro de un ángel." (Hechos 6:9-15)

¿Se puede imaginar esto? ¿Puede imaginarse usted si usted fuera como Esteban - tan audaz y tan feroz por amor a Jesús? Mi pregunta ahora es: ¿Qué hace a Esteban tan sobresaliente entre los hermanos de su tiempo? ¿Por qué Jesús abre los cielos y permite que Esteban vea esto: "**He aquí, veo los cielos abiertos, y al Hijo del Hombre que está a la diestra de Dios.**"

¿Por qué Jesús Representaría a Esteban?

Esto es lo que creo: Creo que Jesús honra a un hombre o mujer que ha muerto a su carne y deseos personales. No veo a Jesús representando a otros como lo hizo cuando Esteban (el primer mártir) estaba siendo lapidado hasta la muerte. Jesús mismo fue listo para recibirlo con el más alto honor. ¡Bendecido sea el Señor Jesús!

Es un protocolo para los ciudadanos rendir homenaje al rey arrodillándose y luego parándose frente a él en atención. ¿Te imaginas al Rey de Reyes haciendo esto por ti?

El Elemento de Morir a Uno Mismo

Dios permitirá que nos vengan cosas para probar nuestro compromiso, nuestra fe, etc.

Una vez un hombre le dice al Señor: "Aquí estoy, envíame a mí," creo que Dios se toma esto en serio y comienza un proceso para llevarnos al lugar donde debemos estar en Dios.

¡Esteban hizo todo lo posible en el nombre de Jesús! Él no se detuvo; No consideraba que su vida fuera tan valiosa para él mismo. Vio todo a la luz de la eternidad. Esto es lo que mueve el corazón de Dios.

Piénselo: De, sentado a la derecha de Dios el Padre (Colosenses 3:1) a pararse a la mano derecha de Dios (Hechos 7:56) ¡Esto es lo que yo llamo un mover de Dios!

¿Este fue el último mensaje de Esteban?

Uno pensaría naturalmente y quizás se atrevería a decir: *"¡Esteban! ya cállate! Estos chicos se toman en serio matarte!"* o *"¡Esteban! Tienes un futuro brillante. No lo estropees. ¡Déjalos en paz!"*

¡Pero no! Esteban no iba a detenerse por ¡temor! ¡No señor!

Asi como hay gente llenas del Espíritu de Dios y le *profetizan* a los huesos secos sin temor y sin duda - ¡asi hizo Esteban!

Esteban no consideró su vida, su futuro, o su familia, ¡no! Todo lo que el podía ver, era el espíritu de religion manteniendo a toda una generacion en cautivadad; por esta razón, profetizó la palabra del Señor.

Tal ves mucho dijeran, "Entonces, cual fue to punto clave Esteban - ¡de todos modos te mataron! ¿Cual fue tu resultado?" El resultado en mi humilde opinion, fue que Saulo de Tarso fue ¡imensamente impactado!

Desafiado Por Un Nadie!

"Y Saulo consentía en su muerte. En aquel día hubo una gran persecución contra la iglesia que estaba en Jerusalén; y todos fueron esparcidos por las tierras de Judea y de Samaria, salvo los apóstoles. Y hombres piadosos llevaron a enterrar a Esteban, e hicieron gran llanto sobre él. Y Saulo asolaba la iglesia, y entrando casa por casa, arrastraba a hombres y a mujeres, y los entregaba en la cárcel." (Hechos 8:1-3)

Yo creo que cuando Saulo escuchó a este jóven predicador profetizar bajo la unción del poder de Dios, lo a de ver tocado profundamente. Saulo a de ver pensado: *"Como se atreve este jóven Esteban, ¿ser mas celosos que yo?"* Y asi fue como el poder de Dios y la conviccion del Espíritu Santo - empezaron a trabajar en la vida de Saulo de Tarso.

¿Pueda ser que Dios llamó a Esteban, un simple diacono, un hombre sin fama, para quebrantar a Saulo de Tarso?

Yo creo que Dios lo tenía todo planeado. Esteban rompió la "concha" externa de Saulo de Tarso y luego Dios lo alcanza ahí en la calle rumbo a Damasco, para tener un encuentro *cara a cara* con el. ¡El resto es historia!

¿Hemos Muerto a Nuestra Carne?

Me pregunto: Estamos haciendo la obra de Dios por fe, o estamos esperando *el tiempo perfecto*, ¡donde no nos cause dolor! Delatarnos es dudar y a la vez entregarnos al temor. Hay el *delatarnos* en la manera de Dios y tambien *delatarnos* por causa de temor y duda: ¿Bajo cual de estos estamos?

El *elemento de morir a nosotros mismos*, nunca cambiará. Dios siempre nos probará en este principio. Si Dios tiene trabajo y nosotros nos hemos preparado en muriendo a la carne o los deseos carnales, entonces Dios nos visitará y nos dará esa comisión.

Capítulo 11

El Elemento de Batallas Personales
El Aguijón de Pablo y la Suficiencia de Dios

"Y para que la grandeza de las revelaciones no me exaltase desmedidamente, me fue dado un aguijón en mi carne, un mensajero de Satanás que me abofetee, para que no me enaltezca sobremanera; respecto a lo cual tres veces he rogado al Señor, que lo quite de mí. Y me ha dicho: Bástate mi gracia; porque mi poder se perfecciona en la debilidad. Por tanto, de buena gana me gloriaré más bien en mis debilidades, para que repose sobre mí el poder de Cristo. Por lo cual, por amor a Cristo me gozo en las debilidades, en afrentas, en necesidades, en persecuciones, en angustias; porque cuando soy débil, entonces soy fuerte." (2 Corintios 12:7-10)

Según el testimonio de Pablo y todo lo que vió en el

espíritu, sintió que Dios había permitido una "aguijón en la carne" para abofetearlo. En otras palabras, debido a la tentación de convertirse en algo grande a los ojos del hombre, Dios permitió alguna lucha personal para mantener a Pablo bajo control—algo que lo mantendría humilde. No pretendo entenderlo todo, pero algo le sucedió a Pablo después que Dios permitió que este "aguijón en la carne" estuviera en su vida.

La Construcción de Un Vaso de Dios

Hacer un vaso no es cosa fácil. Aquellos que dicen: "¡Sí!" al Señor - ¡vivirán en un mundo muy diferente!

Para empezar, el trato que Dios mantiene con Su vaso, es muy distinto. No permitirá que Su vaso sea exaltado por encima de toda medida, pero hará cualquier cosa para mantenerlo en un lugar donde no tropezará con las cosas del mundo.

Sea lo que sea que necesitemos en nuestra propia vida, eso nos mantendrá buscando, hambrientos, humildes y quebrantados - ¡Dios lo permitirá!

Sé que a veces puede ser difícil de entender la soberanía de Dios obrando en nosotros.

Mientras el Señor hace Su obra profunda en nosotros, tendemos a usar nuestra teología de lo que sabemos de Dios para desviarnos de la "prueba," o "el enemigo," etc.

No es hasta que comprendamos nuestra *prueba* desde la perspectiva de Dios, que el elemento de la lucha personal es entendido.

El Señor no permitirá nada que no sea de Su Espíritu invadir nuestras vidas y hacernos desviar de Su plan eterno para nosotros. ¡Es un Dios celoso!

Deseando Cosas Externas

En mi experiencia de caminar con Jesús, he probado y visto la maravilla de la presencia de Dios. Yo he sido tocado por El y comisionado a seguir tras El.

Pero para ser justo y equilibrado, también he sentido la terrible tentación de renunciar a la comisión de Dios para mi vida, la misma tarea que Dios me ha encomendado; e intercambiar eso gloria por el consuelo del mundo y la gloria y el reconocimiento terrenal.

A menudo, he tratado de justificar mis anhelos carnales. Yo He hecho todo lo posible por convencerme de que está bien tener *un poco de esto o un poco de aquello*, y como una refinería ese fuego ardiendo dentro de mí, escucho sus palabras gritando en mi alma, *"No solo de pan vivirá el hombre, sino de ¡toda palabra que sale de la boca de Dios!"*

Entonces, de la misma manera, es para Dios que hemos sido salvos, llamados y comisionados solo para Sus propósitos. Por alguna razón me vienen a la mente las palabras de Pablo: "**…y por todos murió, para que los que viven, ya no vivan para sí, sino para aquel que murió y resucitó por ellos.**" (2 Corintios 5:15)

La Verdadera Batalla es…

La verdadera batalla que tenemos nosotros mientras caminamos en el reino de Dios, es la tentación de ser *reconocidos por otros*. El continuo deseo interior de ser significantes para otros, la aceptación y adopción de alguna otra fuente aparte de la obra de Dios en nosotros, es una mentira perversa.

Es la tarea del diablo hacernos buscar en otra parte *importancia, aceptación* y *adopción*. Mis amigos, Jesús ¡es mas que suficiente!

Si Alguien Merecía Reconocimiento, Sería. . .

He descubierto que si hubiera algún creyente durante los años primitivos de la iglesia que tuviera o mereciera cualquier fama, habría sido el Apóstol Pablo.

Nadie que sepamos, (durante los días de Pablo,) había experimentado a Dios en tal magnitud como él. Él era un tizón para Jesús y Dios no estaba a punto de dejar a Pablo gloriarse en nada.

Si Pablo hubiera querido, podría haber construido la primera mega iglesia de su época. Pudo haber tenido las mejores conferencias y seminarios de su época. ¿Se imagina el nombre de Pablo exhibido en volantes y folletos coloridos por toda Asia Menor: ¡CONFERENCIA DE FUEGO con el único Apóstol Pablo, *"Ven y recibe tu milagro!"* O *"¡Venga por un momento de revelación emocionante y conocimiento profético!"* Wow.

¿Realmente puede ver a Pablo atrapado en el mismo juego en el que muchos están atrapados? ¡Me cuesta trabajo creer que Pablo estaría envuelto en tal ridicules!

¡Tu Lucha Personal es el Taller de Dios Para Ti!

A medida que anhelemos conocer a Dios, descubriremos que El trato que Dios nos da, es realmente especial. No nos permitirá ir por la vida como lo hacen otros creyentes.

Nuestras visiones y revelaciones del Señor son únicas, pero también lo son las luchas personales.

Podriamos sentir la tentación de quejarnos con el Señor, pero debemos darnos cuenta, o al menos tener en cuenta, que esta es la forma que Dios ha elegido específicamente, ¡para hacerlo con nosotros!

Debemos descanzar en esto.

En el *elemento de las batallas personales*, nosotros descubriremos que habrá mucho de esto en nuestras vidas. Todas nuestras luchas personales, tienen un significado y una asignación específica.

Aunque Dios nos muestra grandes revelaciones y trae para nosotros grandes oportunidades de ministerio; sepa que las luchas también pueden presentarse de formas poderosas.

"Mi Fuerza Se Perfeccionó en la Debilidad."

Al cerrar este capítulo, quiero que sepa que, si Dios nos llamó a caminar con El, El cumplirá lo que empezó en nosotros. No importa lo que venga en contra, Dios puede sostenernos, porque cuando estámos débil, ¡Dios es fuerte!

Dios ha prometido guardarnos hasta el final. Escucha estas Escrituras:

"Jehová es tu Guardador; Jehová es tu sombra a tu mano derecha." (Salmos 121:5)

"Estando persuadido de esto, que el que comenzó en vosotros la buena obra, la perfeccionará hasta el día de Jesucristo." (Filipenses 1:6)

Capítulo 12

El Elemento de los Hornos Ardientes
¿No eran tres los hombres que echamos atados en medio del fuego?

"Por esto en aquel tiempo algunos varones caldeos vinieron y acusaron maliciosamente a los judíos. Hablaron y dijeron al rey Nabucodonosor: Rey, para siempre vive. Tú, oh rey, has dado una ley que todo hombre, al oír el son de la bocina, de la flauta, del tamboril, del arpa, del salterio, de la zampoña y de todo instrumento de música, se postre y adore la estatua de oro; y el que no se postre y adore, sea echado dentro de un horno de fuego ardiendo. Hay unos varones judíos, los cuales pusiste sobre los negocios de la provincia de Babilonia: Sadrac, Mesac y Abed-nego; estos varones, oh rey, no te han respetado; no adoran tus dioses, ni adoran la estatua de oro que has levantado." (Daniel 3:8-12)

"Entonces el rey Nabucodonosor se espantó, y levantándose apresuradamente preguntó a sus altos oficiales: ¿No eran tres los hombres que echamos atados en medio del fuego? Ellos respondieron y dijeron al rey: Ciertamente, oh rey. El rey respondió y dijo: ¡Mirad! Veo a cuatro hombres sueltos que se pasean en medio del fuego sin sufrir daño alguno, y el aspecto del cuarto es semejante al de un hijo de los dioses." (Daniel 3:24-25)

Quiero dirigir su atención ahora al elemento del fuego en nuestras vidas y cómo el horno de fuego juega un gran papel en nuestro desarrollo personal y espiritual.

Una cosa es ser "cristiano" por condición religiosa y algo totalmente diferente es ser un vaso de Dios y para Dios.

Podría preguntar: "Bueno, ¿cuál es la gran diferencia?" La gran diferencia se encuentra en la actitud que tomamos cuando descubrimos todo lo que Dios ha destinado para nuestra vida ahora que nos hemos convertido y experimentamos la vida del reino.

Un Recipiente de Honor

"Pero en una casa grande, no solamente hay utensilios de oro y de plata, sino también de madera y de barro; y unos son para usos honrosos, y otros para usos viles. Así que, si alguno se limpia de estas cosas, será instrumento para honra, santificado, útil al Señor, y dispuesto para toda buena obra." (2 Timoteo 2:20-21)

Permítanme comenzar diciendo que Pablo lo simplificó para nosotros en este versículo. Dijo que en una casa hay todo tipo de vasijas. Algunas están hechas de oro y plata, mientras que otras están hechas de madera y arcilla. Sus usos, también varían. Algunos se utilizan para cosas honorables, mientras que otros son usados para cosas no tan honorables.

Si comprendemos qué tipo de uso el Maestro tiene en mente o no, el punto de limpiar el recipiente antes de su uso, es vital para su desarrollo.

Mientras intentamos entender por qué algunas de nuestras "pruebas" son diferentes a las de otra persona, también debemos tener en cuenta que el Maestro también ha revelado el uso de esta vasija o aquella.

Dependiendo del uso del recipiente, asi será el grado de fuego intenso usado. Este determinará el grado de intensidad en el horno de fuego.

Antes de que empecemos a caer en la desesperación y el desánimo, sería prudente que vislumbramos qué tipo de vasija Dios nos ha puesto para ser. Esto definirá gran parte de por qué este elemento es tan vital para nosotros.

¡Se Acerca el Crecimiento!

Una de las cosas que he aprendido sobre el fuego en horno es esto: tiene su propia cultura y su propia manera de quebrar a cualquiera que entre en él.

Uno puede jactarse de su vida; uno puede hablar sobre todos sus logros en la fe, negocios y ministerio, mientras que otros hablan de su prosperidad.

Amigos míos, todos estos tienen una cosa en común: la falta de fuego, ¡fuego santo!

El *elemento de los hornos ardientes*, tiene una forma especial de "exprimir la miel de su panal." Cuando este santo ardor comienza hacer lo suyo, lo primero que se disipa, es nuestra carne. ¡La carne no puede soportar la presencia de Dios!

Cuando el fuego comienza a consumir toda la carne:

nuestros propios medios de supervivencia, nuestras ideas, nuestras filosofías, nuestras teologías, nuestras nociones preconcebidas, emociones, etc. - todo arderá como la paja!

Mesac, Sadrac y Abednego fueron llevados a un horno de fuego, ¡y vaya que estaba caliente! Los soldados (que por cierto eran hombres valientes) que los metían en el horno, murieron a causa del intenso calor. Cuanto más caliente se volvía el horno, mayor era el potencial para un gran testimonio.

La Escritura continúa diciendo que el rey Nabucodonosor se asombró cuando vió el fuego ardiendo y los tres hombres no se quemaron; y no solo eso, sino que preguntó que, si no eran solo tres hombres los que originalmente habían puesto adentro, entonces, **"¿quién es ese cuarto hombre que camina en el horno con los otros tres? ¡Su forma es la del Hijo de Dios!"**

Cristo apareció justo en medio del ardiente horno. Este es el patrón para aquellos que comienzan a confiar en el elemento del horno de fuego.

La única forma de conocer a Dios es a través de la revelación - de su aparición en medio de nuestro horno de fuego. Yo sé que "cristianos" en general, conocen muy poco sobre este tipo de andar y menos aún el desarrollo de un vaso.

Una vez que el horno de fuego se pone en marcha a toda velocidad, hay varias cosas que surgirán de él, permíteme compartirlas:

El fuego ampliará nuestra capacidad para Dios. Cuando nosotros entramos en Su horno, aumentará nuestro deseo de conocer a Dios. Nuestra capacidad de profundizar más con Dios aumentará también. Nos preocupamos cada vez más por tener más de Dios dentro de nosotros. A medida que continúa la prueba, se está produciendo una ampliación, lo sepamos o no.

El fuego ampliará nuestra visión de Dios. El fuego tiene una forma de consumir nuestros deseos egoístas. Las personas de pensamiento limitado son personas muy egoístas. Solo piensan en lo que pueden hacer, pero nunca consideran lo que Dios puede hacer; por supuesto, si tan solo "se soltaran de si mismos y se dejaran ir hacía las manos de Dios," ellos lo verían. A medida que se nos coloque en un horno de prueba de fuego, Dios ampliará nuestra visión de Dios. ¡Después de muchas pruebas, Dios parecerá más grande de lo que pensamos originalmente!

El fuego ensanchará nuestras fronteras para Dios. Es asombroso lo que uno puede aprender permitiendo que Dios le enseñe a él o ella una cosa o dos. Nuestras mentes tienden a seguir patrones y pensamiento estructurados. Cuando el fuego de Dios se enciende en nuestras vidas, esos patrones se queman, nuestras fronteras se ensanchan y las posibilidades comienzan a aparecer.

El fuego ampliará nuestros ministerios para Dios. Por último, una vez que el fuego del horno del fuego de Dios cumpla su propósito, nuestras oportunidades de ministerio se ampliarán. No tendremos que esforzarnos mucho para demostrarle a nadie el valor de nuestro ministerio, porque el Señor mismo abrirá innumerables puertas para que nosotros (vasos probados y aprobados) podamos glorificar Su Nombre en otras tierras, países, iglesias, negocios, etc.

No hay un agente limpiador más poderoso que ¡Su fuego purificador!

Escuche a Malaquías: **"He aquí, yo envío mi mensajero, el cual preparará el camino delante de mí; y vendrá súbitamente a su templo el Señor a quien vosotros buscáis, y el ángel del pacto, a quien deseáis** vosotros. He aquí viene, ha dicho Jehová de los ejércitos. ¿Y quién podrá soportar el tiempo de su venida? ¿o quién podrá estar en pie cuando él se manifieste? Porque él es como fuego purificador, y como jabón de lavadores. Y se sentará para afinar y limpiar la plata; porque limpiará a los hijos de Leví, los afinará como a oro y como a plata, y traerán a Jehová ofrenda en justicia." (Malaquías 3:1-3)

Información de Ministerio

Para mas información sobre el ministerio Masterbuilder Ministries, Inc., predicaciones, seminarios de liderazgo, o conferencias, favor de escribir a nuestro **correo electrónico:**

david_mayorga@sbcglobal.net
mayorga1126@gmail.com

Página de Internet:
www.masterbuildertx.com

Nuestro ministerio está ubicado en:
Masterbuilder Ministries, Inc.
3833 N. Taylor Rd.
Palmhurst, Texas 78573

Recursos Para El Ministerio

Los Pocos
Por David Mayorga
ISBN 978-0-9991710-2-8

¡Inextinguible!
Por David Mayorga
ISBN 978-1-7333174-3-6

Agentes de Reino - Volumen 1
Por David Mayorga
ISBN 978-1-7333174-4-3

Los Libros de

David Mayorga

están a la venta en

www.shabarpublications.com

David Mayorga

El Valor de los Elementos

David Mayorga

David Mayorga

El Valor de los Elementos

David Mayorga

www.ingramcontent.com/pod-product-compliance
Lightning Source LLC
Chambersburg PA
CBHW071350080526
44587CB00017B/3045